究極のバスケットボール選手を目指す：

最高のプロバスケットボール選手やコーチの間で利用されている、体調・栄養・精神的な強さを、向上させるための効果的な秘密とコツを学びます

By
ジョゼフ・コレア
プロアスリート・コーチ

著作権

© 2016 Finibi Inc

All rights reserved

アメリカ合衆国著作権法 107 条及び 108 条において許可されたこの作品のいずれの部分においても、著作権者の許可なしに、複製または翻訳をすることは違法行為です。この出版物は扱われている内容に関して、正しく信頼性のある情報を提供することを意図するものです。作者も出版社も医学的アドバイスを理解の上でこれを販売するものではありません。医学上のアドバイスや相談が必要な場合は、医師の診断を受けてください。この本はガイド本であり、健康を害することに使用することはできません。開始する前に、適切であるか医師に相談してください。

謝辞

この本の創作と開発中において
無条件の愛とサポートを与えてくれた家族へ

究極のバスケットボール選手を目指す：

最高のプロバスケットボール選手やコーチの間で利用されている、体調・栄養・精神的な強さを、向上させるための効果的な秘密とコツを学びます

By
ジョゼフ・コレア
プロアスリート・コーチ

著者について

プロアスリートとして競技をしていて、何があなたの心をよぎるか、パフォーマンスを向上させ、次のレベルに持っていくことがどれぐらい難しいことであるかを痛感しています。

私の人生の中で、３つの大きな変化は私の体力（持久力）と運動能力の増進、柔軟性の向上、そして瞑想と可視化・ビジュアライゼーションに焦点をあて、能力を増幅しました。

瞑想と可視化は、実際起こる前に、感情をコントロールして、実際の競技のシュミレーションをするのに役立ちました。

ヨガとストレッチの時間を伸ばしたことも、怪我の発生をほぼゼロに下げて、反射とスピードを改善しました。

食生活の改善は、過去に筋肉のけいれんや肉ばなれを起こしたような悪天候下でも、私のピークの状態で能力を発揮し続けることを可能にしました。

あなたがどんな運動競技の鍛錬をしているかに関わらず、断然に瞑想と可視化は、すべてを変えるでしょう。

もっと多くの時間を費やすたびに、それが強力であるのが分かります。呼吸、鮮明な思考、そして精神を集中させることに１日最低１０分を捧げるとよいでしょう。

はじめに

あなたの本来の可能性に到達するために、最適な体と精神状態をつくる必要があります。そのために、体力、可動性、栄養と精神的な強靭さを発展させる、効率的なプランをスタートするのです。これはそのための本です。健康的に正しく食べることとハードなトレーニングは、難問のうちの２つなのですが、すべてがうまくいくように３つ目のピースが必要です。３つ目のピースとは、精神的な強靭さです。それはこの本の中で教える瞑想と可視化テクニックを通じて得ることができるのです。

この本が提供すること：

-ノーマルと上達のトレーニングカレンダー

-ダイナミックなウォームアップ・エクササイズ

-ハイパフォーマンストレーニング・エクササイズ

-アクティブリカバリーのためのエクササイズ

-筋肉を増やす食生活カレンダー

-脂肪燃焼の食生活カレンダー

-筋肉を作るレシピ

-脂肪燃焼レシピ

-パフォーマンスを高めるための上達呼吸テクニック

-瞑想テクニック

-可視化テクニック

-パフォーマンス向上のための可視化セッション

究極のバスケットボール選手を目指す

身体のコンディション作りと筋力トレーニング、きちんとした食生活、高度な瞑想/可視化テクニックは、最高なパフォーマンスを実現するための3つの鍵です。ほとんどの選手は、これらの基本的な要素が、1つか2つ欠けているのですが、変えようと決心することで、あなたの新しい「究極」を達成する可能性を得るのです。

このトレーニングプランを始めるアスリートに提供されること：

- 筋肉の増加
- ストレスレベルの減少
- 強化された体力と可動性と反応
- 長時間集中できるよりよい能力
- さらに速く、長時間続く耐久力
- 筋肉疲労の低下
- 競技やトレーニング後のより早い回復時間
- 柔軟性の向上
- 緊張感からの克服
- 呼吸によるより良いコントロール
- プレッシャーのある状態での感情コントロール

選択してください。変わってください。新しい「究極」のあなたを作りあげてください。

究極のバスケットボール選手を目指す

目次

著作権

謝辞

著者について

はじめに

第1章：バスケットボールのためのハイパフォーマンストレーニング・エクササイズ
ノーマルカレンダー
上達カレンダー
ダイナミックなウォームアップ・エクササイズ
ハイパフォーマンストレーニング・エクササイズ

第2章：バスケットボールのためのハイパフォーマンスな栄養
筋肉作りのためのカレンダー
筋肉を増やすハイパフォーマンス食事のレシピ
脂肪燃焼カレンダー
脂肪を燃やすためのハイパフォーマンス食事のレシピ

第3章：アスリートはどのようにして、瞑想で成果を上げることができるか？

第4章：バスケットボールのための最適な瞑想タイプ

第5章：瞑想するための準備について

第6章：バスケットボールの成果を、最大に得るための瞑想

第 7 章：バスケットボールの成果の向上のための可視化テクニック

第 8 章：可視化テクニック：モチベーションの可視化

第 9 章：可視化テクニック：問題解決の可視化

第 10 章：可視化テクニック：目標を明確にする可視化

第 11 章：可視化体験を最大化し、パフォーマンスを向上させるための呼吸法

あとがき

この著者の他のタイトル

第 1 章：バスケットボールのためのハイパフォーマンストレーニング・エクササイズ

ハイパフォーマンスカレンダー　「ノーマル」

ノーマル

日曜日	月曜日	火曜日	水曜日	木曜日	金曜日	土曜日
				1	2	3
4	5 上半身 分割 ガンマ	6 アクティブリカバリー ガンマ	7 下半身 分割 ガンマ	8 体幹分割 ガンマ	9 アクティブリカバリー ガンマ	10 スピード/瞬発力 分割
11 アクティブリカバリー	12 上半身 分割 デルタ	13 アクティブリカバリー デルタ	14 下半身 分割 デルタ	15 体幹分割 デルタ	16 アクティブリカバリー デルタ	17 スピード/瞬発力 分割
18 アクティブリカバリー	19 上半身 分割 ガンマ	20 アクティブリカバリー ガンマ	21 下半身 分割 ガンマ	22 体幹分割 ガンマ	23 アクティブリカバリー ガンマ	24 スピード/瞬発力 分割
25 アクティブリカバリー	26 上半身 分割 デルタ	27 アクティブリカバリー デルタ	28 下半身 分割 デルタ	29 体幹分割 デルタ	30 アクティブリカバリー デルタ	31 スピード/瞬発力 分割

インストラクション：

週に4種類

各週に、体の異なる部分を鍛える4種類のワークアウトを実践します。これはあなたの体が常に適応しているか確認するためです。

エクササイズをカスタマイズ

各分割には（上半身、下半身、コア、スピード/瞬発力）10種類のエクササイズがあり、選ぶことができます。

既存のテンプレート

あなたの運動能力のすべての面の改善を確実にするために、あらかじめ用意されたカレンダーに従ってトレーニングすることができます。

究極のバスケットボール選手を目指す

ハイパフォーマンスカレンダー　「上達編」

上達編

日曜日	月曜日	火曜日	水曜日	木曜日	金曜日	土曜日
				1	2	3
4	5 上半身 分割 ガンマ	6 アクティブリカバリー ガンマ	7 下半身 分割 ガンマ	8 体幹分割 ガンマ	9 アクティブリカバリー ガンマ	10 スピード/瞬発力 分割
11 アクティブリカバリー	12 上半身 分割 デルタ	13 アクティブリカバリー デルタ	14 下半身 分割 デルタ	15 体幹分割 デルタ	16 アクティブリカバリー デルタ	17 スピード/瞬発力 分割
18 アクティブリカバリー	19 上半身 分割 ガンマ	20 アクティブリカバリー ガンマ	21 下半身 分割 ガンマ	22 体幹分割 ガンマ	23 アクティブリカバリー ガンマ	24 スピード/瞬発力 分割
25 アクティブリカバリー	26 上半身 分割 デルタ	27 アクティブリカバリー デルタ	28 下半身 分割 デルタ	29 体幹分割 デルタ	30 アクティブリカバリー デルタ	31 スピード/瞬発力 分割

インストラクション：

週に４種類

各週に、体の異なる部分を鍛える４種類のワークアウトを実践します。これはあなたの体が常に適応しているか確認するためです。

エクササイズをカスタマイズ

各分割には（上半身、下半身、コア、スピード/瞬発力）10種類のエクササイズがあり、選ぶことができます。

既存のテンプレート

あなたの運動能力のすべての面の改善を確実にするために、あらかじめ用意されたカレンダーに従ってトレーニングすることができます。

どうカレンダーを使えばいいですか？

最初のカレンダーは通常のレベルの選手向けで、「ノーマル」と記載されています。これは、通常の状況で使うものです。

2つ目のカレンダーは、プラスバージョンで、「上達編」と記載されています。これは、あなたが強度を増加させるために選択したいときに、従うものです。このバージョンでは、該当するセットを2倍にするのですが、反復動作ではありません。

このプログラムの後、達成できることはなんですか？

このトレーニングの目標は、身体的パフォーマンスのすべての面、つまり強さ、敏捷性、パワー、持久力を改善することです。どのアスリートにも合う健康的な食生活を、補完してあります。

ダイナミックウォームアップ・エクササイズ

アスリートが各ワークアウト（この本で分割と呼ぶ）前に行わなければならない、1セット4種類のエクササイズがあります。（40のメインエクササイズの他に）。アクティブリカバリーの日には、これらのエクササイズを、適度な有酸素運動と組み合わせて、15分ではなく30分のセッションを行ってください。

a. **転がってV字座り**：床に座って始めます。腕は床に伸ばしたまま、ひざを胸につくように内側に曲げて（今、体重が背中にかかっている）体を後ろ側に倒します。そして前方に転がるように戻して、足をV字になるように伸ばします。15回行ってください。

b. **消火栓**：ひざをついた状態から始めます。手のひらはぴったりと床につけます（肩幅）。背中がまっすぐであることを確認してください。背中を動かさないで　あなたの膝で円を外側と前後に描きます15回ずつ繰り返します。

c. **スクワットとホールド**：スクワットをして低い位置の時に、その姿勢を30秒間、キープします。

d. **フロント・ランジ**：片脚を前に踏み出し、各回前に移動します。各脚で12回ずつ繰り返します。（合計24回）

ハイパフォーマンストレーニング・エクササイズ

上半身のエクササイズ

このエクササイズは、カレンダーの
「上半身 分割」の日に行ってください。

1. ネガティブプッシュアップ（胸部）

やり方：
a. 床にうつ伏せになって、腕立て伏せの姿勢をとり、肩幅の位置で手をつきます。
b. ゆっくり体を下に胸が床につくまで下ろします（３秒のテンポで）。
c. すぐに体を上に持ち上げます（１秒のテンポで）。

レップ案：

***１セット１２回を３セット繰り返します。各セットごとに難しくなっていきますが、完全に脱落するほどにならないようにしてください。１２回繰り返すようになる頃には２、３回増やせるようになるでしょう。反復回数を自分の基準に合うように調整するのですが、セット数は変えないようにしてください。

健康面での利点：

+++強靭さ, ++ 柔軟性, ++ 関節の強化

2. ダイヤモンドプッシュアップ （三頭筋、胸部）

やり方：
a. 床にうつ伏せで腕立て伏せの姿勢をとり、肩幅より狭い位置で手をつきます。
b. ゆっくり体を下に胸が床につくまで下ろします。
c. 体を上に持ち上げます

レップ案：

***１セット１２回を３セット繰り返します。各セットごとに難しくなっていきますが、限界になるまでやらないようにしてください。１２回繰り返すようになる頃には２、３回増やせるようになるでしょう。反復回数を自分の基準に合うように調整するのですが、セット数は変えないようにしてください。

健康面での利点：

+++強靭さ, +++持久力

3. 片手プッシュアップ（三頭筋、胸部）

やり方：
a. 床にうつ伏せになって、腕立て伏せの姿勢をとり、肩幅の位置で手をつきます。
b. 片手は前についたままで、もう片方の手を背中に置きます。
c. 体を低く下に下ろし、また元に戻します。

レップ案：

***5回で5セット。難しかったら回数を減らして始め、徐々に増やしていきましょう。まだ難しい場合は、箱や本で段差をつけてやってみましょう。

健康面での利点：

+++強靭さ, +++柔軟性, +++瞬発力

4. 懸垂（背中、上腕二頭筋）

やり方：
a. 肩幅の広さで順手でバーを握ります。
b. ぶら下がったら、胴体を少し後ろに、傾いた体勢にします。
c. バーが胸の上部につくか、近づくまで胴体を持ち上げます。
d. 下に下ろし、繰り返します。

レップ案：

***１０回で３セット 。各セットごとに難しくなっていきますが、完全に脱落するほどにならないようにしてください。１２回繰り返すようになる頃には２、３回増やせるようになるでしょう。反復回数を自分の基準に合うように調整するのですが、セット数は変えないようにしてください。

健康面での利点：

+++強靭さ, +++持久力

5. マッスルアップ（胸部、三頭筋、背中）

やり方：
a. バーの上に親指がくる（親指をバーに巻かない）サムレスグリップでぶらさがります。
b. 懸垂のように体を持ち上げます。
c. 懸垂のポジションからディップポジションに移行するように、胸を円を描くように、バーの上に乗せます。
d. 体を下に下ろし、繰り返します。

レップ案：

***5回で5セット。難しかったら回数を減らして始め、徐々に増やしていきましょう。それでも難しい場合は、1回10セットにし徐々に増やしていきましょう。

健康面での利点：

+++強靭さ、++機敏性

6. ディップ（三頭筋、胸部）

やり方：
a. 手をバーの両端に位置し、腕が完全に伸びて体を支えるようにします。
b. 動きをコントロールしているのを確認しながら、ひじを曲げて体を下ろします。
c. 体を押し上げて元の姿勢に戻します。

レップ案：

***１５回で３セット 。各セットごとに難しくなっていきますが、限界になるまでやらないようにしてください。１５回繰り返すようになる頃には２、３回増やせるようになるでしょう。反復回数を自分の基準に合うように調整するのですが、セット数は変えないようにしてください。

7. L字懸垂（背中、上腕二頭筋）

やり方：
a. 通常の懸垂の体勢をとる。
b. レッグレイズのように脚を上げる（脚は体に対して９０度の角度で）。
c. 通常の懸垂のように、できるだけ体を持ち上げる。
d. 体を下に下ろし、繰り返す。

レップ案：

***5回で5セット。難しかったらセット数を減らさずに、回数を減らして5セットすべてできるようにします。

健康面での利点：

++++強靭さ、 +++柔軟性、 ++持久力

8. ワイドグリップ懸垂（背中）

やり方：
a. 肩幅より広い位置で、順手でバーを握ります。
b. ぶら下がったら、胴体を少し後ろに、傾いた体勢にします。
c. バーが胸の上部につくか、近づくまで胴体を持ち上げます。
d. 下に下ろし、繰り返します。

レップ案：

***１０回で３セット。各セットごとに難しくなっていきますが、限界になるまでやらないようにしてください。１２回繰り返すようになる頃には２、３回増やせるようになるでしょう。反復回数を自分の基準に合うように調整するのですが、セット数は変えないようにしてください。

健康面での利点：

+++強靭さ、+++持久力

デルタ x ワークアウト：エクササイズ１、３、５、８を行います。
ガンマ　ワークアウト：エクササイズ２、４、６、７を行います。

下半身のエクササイズ

このエクササイズは、カレンダーの
「下半身 分割」の日に行ってください。

1. タックジャンプ（大臀筋、大腿四頭筋）

やり方：
a. ひざを軽く曲げて、脚は肩幅に広げて立ちます。
b. ジャンプし ひざを胸の方へ、腕はまっすぐ上に伸ばします。

レップ案：

***１セット２０回で３セット。

健康面での利点：

+++瞬発力のある体力の習得、 ++柔軟性の向上

2. ウォールシット（大臀筋、大腿四頭筋）

やり方：
a. 背中を壁につけて立ちます。（顔は壁の反対側を向いて）
b. 太ももが地面と平行になるまで、背中を下に滑らせてスクワットをします。
c. その姿勢をキープ。

レップ案：

***１セット１２０秒で３セット。

健康面での利点：

++持久力、 +++乳酸性閾値、 ++体力

3. ランジ（大腿四頭筋）

やり方：
a. 足を肩幅に広げて立ちます。
b. 右足を前に、なるべく遠くへ、やりすぎない程度に踏み出します。
c. 左ひざが床につくくらい近づくまで、左足を曲げます。
d. 立ち上がります。
e. 左足で繰り返します（右足を曲げて）。

レップ案：

***１セット１５回で３セット。

健康面での利点：

++体力、 ++安定性

4. エアスクワット（大臀筋、大腿四頭筋）

やり方：
a. 足を肩幅に広げて立ちます。
b. 腰を後ろに動かしながら座るように下げます。
c. しっかりと顔を上げて、背中をまっすぐにスクワットを行います。
d. 立ち上がって、足を完全に伸ばします。

レップ案：

＊＊＊１セット３０回で３セット。

健康面での利点：

+++体力、++持久力

5. クローズスタンススクワット（大腿四頭筋）

やり方：
a. 両足をくっつかない程度に近づけて立ちます。
b. 両腕は前に伸ばして、腰を後ろに動かしながら座るように下げます。
c. しっかりと顔を上げて、背中をまっすぐにスクワットを行います。
d. 立ち上がって、足を完全に伸ばします。

レップ案：

***１セット３０回で３セット。

健康面での利点：

+++体力、++持久力、++バランス

6. 水飲み鳥（ハムストリング、大腿四頭筋）

やり方：
a. 片足を少し曲げて、もう片方の足は一歩後ろの位置で立ちます。
b. 体を前方に曲げて、後ろの足が背中と平行になるようにします。
c. 両腕は完全に前に伸ばして行いましょう。
d. 元の姿勢に戻り、繰り返します。

レップ案：

***片足１０回ずつ。両足行って１セット。

健康面での利点：

+++バランス、++持久力

7. 片足段差カーフレイズ（ふくらはぎ）

やり方：

a. 足の母趾球に体重がかかるように、横幅に離して段差の端に立ちます。
b. 片足を段差に残して、もう一方の足を少し後ろに動かし体重が片足の母趾球にかかるようにします。
c. 体を低く下ろし、ふくらはぎが収縮させます。

レップ案：

***片足２０回ずつで２セット。

健康面での利点：

+++体力、 ++バランス、 ++持久力

8. ヒップトラスト（大臀筋）

やり方：
a. 仰向けで床に横になります。
b. 両膝を９０度の角度に曲げます。
c. 両サイドについた手を使って、床からお尻を持ち上げます。
d. 下に下ろして、繰り返します。

レップ案：

***１２回で３セット 。各セットごとに難しくなっていきますが、限界になるまでやらないようにしてください。１２回繰り返すようになる頃には２、３回増やせるようになるでしょう。反復回数を自分の基準に合うように調整するのですが、セット数は変えないようにしてください。

健康面での利点：

+++体力、 +++持久力

デルタ X ワークアウト: エクササイズ１、３、５、８を行います。
ガンマ　ワークアウト: エクササイズ２、４、６、７を行います。

体幹エクササイズ

このエクササイズは、カレンダーの
「体幹 分割」の日に行ってください。

1. プランク

やり方：
a. 床にうつ伏せに横たわり、両腕は肩幅に広げます。
b. 体重をつま先と前腕で支えていることを確認しましょう。
c. その姿勢をキープ。

レップ案：

***１セット１２０秒で３セット。

健康面での利点：

++持久力、 +++乳酸性閾値、 +++体幹の安定

2. ロシアンツイスト

やり方：
a. 床に横になり、両足はひざを曲げて座る。
b. 胴体をまっすぐになるようにして、太ももとＶ字になるようにしてください。
c. ウェイトを持っているいないに関わらず、腕をまっすぐに伸ばして、胴を右側にできる限りひねります。
d. 左側にもひねって繰り返します。

レップ案：

***２０回で３セット。各セットごとに難しくなっていきますが、限界になるまでやらないようにしてください。２０回繰り返すようになる頃には２、３回増やせるようになるでしょう。反復回数を自分の基準に合うように調整するのですが、セット数は変えないようにしてください。

健康面での利点：

++体力、 +++体幹の安定

3. レッグレイズ

やり方：
a. 両足をまっすぐにして床に横たわります。
b. 手はヒップの両側に置きます。
c. 両足を曲げないように気をつけながら、９０度の角度になるまで持ち上げます。手でバランスを取り、床を押しながらサポートします。

レップ案：

***２０回で３セット 。各セットごとに難しくなっていきますが、限界になるまでやらないようにしてください。２０回繰り返すようになる頃には２、３回増やせるようになるでしょう。反復回数を自分の基準に合うように調整するのですが、セット数は変えないようにしてください。

健康面での利点：

++体力、 +++体幹の安定

4. クランチ

やり方：
a. 仰向けになって床に横になります。
b. 両膝を９０度の角度になるように曲げます。
c. 胴体を、肩が床につかない程度に持ち上げます（完全に座らない）。

レップ案：

***４０回で３セット。各セットごとに難しくなっていきますが、限界になるまでやらないようにしてください。４０回繰り返すようになる頃には２、３回増やせるようになるでしょう。反復回数を自分の基準に合うように調整するのですが、セット数は変えないようにしてください。

健康面での利点：
+++持久力、+++体幹の安定

5. プッシュアッププランク

やり方：

a. プッシュアップの体勢をとります。
b. 体を低く下ろしてプッシュアップの動作の始めの半分の体勢にします。
c. そのままキープ。

レップ案：

***６０秒で３セット。各セットごとに難しくなっていきますが、限界になるまでやらないようにしてください。時間を調整して、セット数は必要でなければ設定しなくても構いません。

健康面での利点：
+++持久力、 +++体幹の安定

6. ライング・ウィンドミル・ホールド

やり方：
a. 両腕を伸ばして仰向けで横になり、両足を上げて９０度の角度にします。
b. その姿勢をキープ。

レップ案：

＊＊＊６０秒で３セット。

健康面での利点：

+++持久力、 +++体力

7. スパイダーマン・プランク

やり方：

a. 通常のプランクの体勢で、体重が前腕と足の母趾球にかかるようにします。
b. 背中はまっすぐにします。
c. 右ひざを前方に動かし、右ひじにつくようにします。
d. 元の体勢に戻ります。
e. 左ひざで繰り返します。

レップ案：

******１０回で３セット 。 各セットごとに難しくなっていきますが、限界になるまでやらないようにしてください。１０回繰り返すようになる頃には２、３回増やせるようになるでしょう。反復回数を自分の基準に合うように調整するのですが、セット数は変えないようにしてください。

健康面での利点：

+++体力、 ++柔軟性、 ++持久力

8. 自転車クランチ

やり方：

a. 仰向けに横になり、両手を頭の下に置きます。
b. 両足を曲げて、９０度の角度になるようにします。
c. 右ひざを、できれば左ひじにつくように動かします。
d. 左ひざで繰り返します。

レップ案：

***２０回で３セット。各セットごとに難しくなっていきますが、限界になるまでやらないようにしてください。
２０回繰り返すようになる頃には２、３回増やせるようになるでしょう。反復回数を自分の基準に合うように調整するのですが、セット数は変えないようにしてください。

健康面での利点：

+++体力、+++持久力

デルタＸワークアウト: エクササイズ１、３、５、８を行います。
ガンマ　ワークアウト: エクササイズ２、４、６、７を行います。

スピード/瞬発力　エクササイズ

このエクササイズは、カレンダーの「スピード/瞬発力分割」の日に行ってください。

1. ハイ・インテンシティー・トレーニング(HIT) スプリント

やり方：

３０秒間のスプリントを８回、全力で行い、各スプリントの間に２分間の休息をとります。

健康面での利点：

++ パワー、 +++回復、 +++スピード

2. ヒルスプリント (HIT)

やり方：

上り坂か傾斜面で、１０から３０秒間のスプリントを５回行います。各スプリントの間に２分間の休息をとります。

健康面での利点：

+++パワー、+++スピード

3. ハンドシャッフル（体幹、胸部、三頭筋）

やり方：

a. プッシュアップの体勢で両手は肩幅に広げます。
b. 右手か左手のどちらか一方を、肩幅の中心に動かします。
c. もう一方の手も中心に動かします。手幅の狭い、ダイヤモンドプッシュアップの体勢になっているはずです。
d. 最初の手を肩幅の位置に戻します。
e. ２番目の手も肩幅の位置に戻します。
f. できるだけ素早く繰り返します。

レップ案：

***スピードを落とさずにできるだけ早く６０秒のセッションを５回行います。体力の消耗が目標ではないので、もし難しすぎる場合は３０秒に減らしてフルスピードで続けましょう。

健康面での利点：

+++スピード、 ++機敏性、 +++調整力

4. シングルレッグホップ（大腿四頭筋、ふくらはぎ）

やり方：
a. 両足を肩幅に広げて立ちます。
b. 一方のひざを上げて、片足でバランスをとります。
c. できるだけ遠くに、下の説明のように跳びます。
d. もう片方の足で繰り返します。

レップ案：

***片足ごとに１５ホップで３回。スピードを落とさずにできるだけ早く行います。体力の消耗が目標ではないので、もし難しすぎる場合は回数を減らしてフルスピードで続けましょう。

健康面での利点：

+++スピード、+++機敏性、++調整力

5. ボックスジャンプ （大腿四頭筋、大臀筋）

やり方：
a. 両足を肩幅に広げて立ちます。
b. 両足同時にジャンプしてボックスの上に乗ります。
c. 下に下ります。

レップ案：

***ボックスジャンプ３０回を３セット。スピードを落とさずにできるだけ早く行います。体力の消耗が目標ではないので、もし難しすぎる場合は回数を減らしてフルスピードで続けましょう。

健康面での利点：

+++パワー、+++体力、++持久力

6. クラッピングプッシュアップ（胸部、三頭筋）

やり方：
a. 通常のプッシュアップの体勢から始めます。
b. プッシュアップをするのですが、できるだけ力強く床を押して、空中で拍手をします。
c. 繰り返します。

レップ案：

***1セット5回で5セット。スピードを落とさずにできるだけ早く行います。体力の消耗が目標ではないので、もし難しすぎる場合は回数を減らしてフルスピードで続けましょう。

健康面での利点：

+++パワー、+++体力、++関節の強化

7. ナックルジャンピング・プッシュアップ
（胸部、三頭筋）

やり方：
a. 通常のプッシュアップの体勢から始めますが、体重を手ではなく 握り拳にかけます。
b. 腕立て伏せをして、できるだけ力強く床を押し離します。
c. 繰り返します。

レップ案：

***１セット５回で５セット。 スピードを落とさずにできるだけ早く行います。体力の消耗が目標ではないので、もし難しすぎる場合は回数を減らしてフルスピードで続けましょう。

健康面での利点：

+++関節の強化、+++パワー

8. レイターボックスジャンプ（大腿四頭筋、大臀筋）

やり方：
a. 箱か段差のあるものの横に立ちます。
b. 箱の近くにある方の足を、箱の上に乗せます。
c. その足で素早く跳び上がります。
d. 箱の上に右足で着地します。
e. もう一方の足で繰り返します。

レップ案：

***１セット１２回で３セット。スピードを落とさずにできるだけ早く行います。体力の消耗が目標ではないので、もし難しすぎる場合は回数を減らしてフルスピードで続けましょう。

健康面での利点：

+++体力、 +++機敏性

デルタＸワークアウト: エクササイズ１、３、５、８を行います。
ガンマ　ワークアウト: エクササイズ２、４、６、７を行います。

用語集

アクティブリカバリー：体を動かしながら筋肉を休ませることで、血液の循環を良くし回復を早める

機敏性：素早く、正確で効果的に動ける能力

調整力：体の異なる部分を同時に使ったり、別々の動作を同時に行う能力

持久力：長時間力を出し続ける能力

限界：完全に消耗して、継続ができない状態

乳酸閾値：乳酸が血液中に溜まり始めるポイントで筋肉がほてるような感覚になる

パワー：短時間で最大のエネルギーを出す能力

体力：同じ動作で負荷を高めることができる能力

究極のバスケットボール選手を目指す

第2章：ハイパフォーマンスなバスケットボールのための食生活

なぜ食生活は大切なのでしょう？
トレーニングセッションの効果を最大限に生かすために、食事やジュース、シェイクでバランスのとれた食事をとることは、とても重要です。体の状態を改善することは正しく食べることが必要で、思ったより早く疲れなくなるでしょう。

トレーニングや試合の前に何を飲んだり食べたりすればいいでしょう？
トレーニング前に理想的な、摂取すべき食品は次が挙げられます：脂肪が少ないタンパク質、消化のよい炭水化物、オメガ脂肪、野菜、豆類、水で、あなたのカロリー必要量によって、適切な量を摂取するべきです。
試合前の準備に役に立つように、食事だけではなく、栄養価の高く高タンパクのシェイクとジュースの紹介も加えました。競技中に消化プロセスを妨げず、また競技前に最も高いエネルギー量が摂れるようになっています。

トレーニングの30分から60分前に飲むと、ベストな結果が得られて、空腹や満腹から解放され、完全にリラックスし競技に集中することができます。
時間がなくて正しい食事が取れなくても最低限、体に栄養のあるものを飲みましょう。食事と飲み物に関しては、量ではなく質にフォーカスして、空腹を満たすだけにならないようにします。

タンパク質
脂肪の少ないタンパク質は発達に大変重要で、筋肉組織を修復します。脂肪の少ないタンパク質はさらに、気分と同様、機嫌もコントロールする体のホルモン濃度の標準化を助けます。摂取すると良い、脂肪の少ないタンパク質：

- ターキー胸肉（できれば未加工の）

- 脂肪の少ない赤肉（同様に未加工の）

- 卵白

- ほとんどの乳製品

- 鶏の胸肉（すべての自然の）

- キヌア

- ナッツ（すべての種類）

オメガ脂肪
オメガ脂肪は手軽に摂取でき、体の機能、特に脳のために大変に重要です。
オメガ脂肪が多く含まれているのは：

- 鮭（できれば天然で、養殖されてないもの）

- クルミ（スナックとして手軽に持ち運びができる）

- 亜麻仁（シェイクにまぜられる）

- イワシ

脳機能が改善し、脳全体の健康も促進されることに気づくでしょう。免疫システムも強化されるので、ガンや糖尿病、その他の深刻な健康問題にかかる可能性を減少させます。

野菜と豆類

野菜と豆類は、十分重要視されているとは言えません。食べるのが楽しくなるような野菜を探して、日常の食事に加えてください。年月が経つにつれて、成果をあげることでしょう。人がバランスのとれた食事を摂ることの大切さを話しているのを聞いたら、それは同様に野菜に関連しています。毎日の食事に加えるのに最適な野菜と豆類を挙げました：

- トマト
- ニンジン
- ビート
- ケール
- ホウレン草
- キャベツ
- パセリ
- ブロッコリー
- 芽キャベツ
- レタス
- ラディッシュ
- グリーン、赤、黄色のカラーピーマン
- キュウリ
- ナス
- アボカド

異なるビタミンとミネラルをとるために、バラエティーに富んだ色を摂取するようにしてください。

フルーツ

フルーツもまた、体の能力を最大限に活かして活動するのに必要なビタミンを多く含みます。抗酸化物質がアスリートに極めて重要な体の早期の回復を助けます。

トレーニングや試合後に、抗酸化物質の高いフルーツをたくさん食べるようにしてください。フルーツは、用意も簡単で食物繊維の大切な供給源です。食生活に加えるのに適したフルーツをいくつか挙げますと：

- リンゴ（緑、赤）
- オレンジ
- ぶどう（赤、緑）
- バナナ
- グレープフルーツ（酸味があるが、抗酸化物質が多い）
- レモンとライム（水とまぜてジュースで。外食の時に、よく水とスライスレモンを注文します。素晴らしい抗酸化物質でもあるのです。）
- サクランボ（砂糖をまぶしていない自然のもの）
- マンダリン
- スイカ
- マスクメロン

水

水と水分補給はあなたの体の発達に非常に重要で、日中のエネルギー量を増やすことができます。ジュースやシェイクを飲むことも役に立つのですが、飲料水の代用にはなりません。あなたが飲む水の量は、心臓や血管のトレーニング量によるでしょう。ここで提案する量は、通常よりも多いかもしれません。多くの人々は、一日少なくともグラス8杯の水を飲

むべきですが、たいていのアスリートが１０杯から１４杯の水を飲むべきです。私が１ガロンの水の携帯し始めてからずっと、極めて私の健康を改善することができた、水「１日１ガロン」の目標に達することができました。

私が気づいて、たいていの人々も気づくと思われる利点のいくつかを挙げます：

　－頭痛の軽減や海上（脳がより頻繁に水分補給されます）

　－消化の改善

　－日中の疲労感の軽減

　－朝からよりエネルギッシュに

　－目に見えるシワの減少

　－筋肉けいれん、または筋肉緊張のサインの減少

　（多くのアスリートによくある問題です）

　－集中力の向上（瞑想中に役立ちます）

　－食事と食事の間の、甘いものとスナックへの欲望の減少

究極のバスケットボール選手を目指す

筋肉作りカレンダー

1週間目
1日目：
早起きな人のための朝食
スナック：ブルーベリーヨーグルト
ツナバーガーとサラダ
スナック：チェリートマトとコテージチーズ
メキシカンスタイルのプロテインボウル
2日目：
ブルーベリーとレモンのパンケーキ
スナック：アボカド・オン・トースト
スパイシー・ビーフステーキカバブ
スナック：リンゴとピーナッツバター
地中海の魚
3日目：
パワーボール
スナック：トロピカルフルーツとヨーグルト
鶏の胸肉のスタッフドと玄米
スナック：カラーピーマンとコテージチーズ
ビーガンフレンドリー・ディナー
4日目：
アーモンドミルクスムージー
スナック：1カップのポップコーン
パンチェッタで巻いたスケトウダラとジャガイモ
スナック：ヨーグルトと乾燥クコの実
ガーリックハマス
5日目：
ギリシャヨーグルトと亜麻にとりんご
スナック：ライスケーキとピーナッツバター

焼鮭とグリルしたアスパラガス添え

スナック：セロリスティックとヤギのチーズにグリーンオリーブ
チキンとアボカドサラダ
6日目：
朝食「ピザ」
スナック：ギリシャヨーグトとイチゴ
チキンシーザー・ラップ
スナック：ローストしたヒヨコマメ
ホットコッド（タラ）
7日目：
輪切りのカラーピーマンと「挽き割りトウモロコシのフリット」
スナック：ミックスナッツ
牛肉とブロッコリーのヌードル
スナック：ハムとセロリスティック
ルッコラチキンサラダ

2週間目
1日目：
ホエイプロテインマフィン
スナック：アボカドトースト
エビとズッキーニのリングイネパスタサラダ
スナック：リンゴとピーナッツバター
豆腐バーガー
2日目：
メキシカンモカの朝食
スナック：ヨーグルトと乾燥クコの実
マスとポテトサラダ
スナック：1カップのポップコーン
チキンとパイナップルとピーマン添え
3日目：
スモークサーモンとアボカドトースト添え

スナック：チェリートマトとコテージチーズ
スパイシーチキン
スナック：ブルーベリーヨーグルト
マッシュルームのグリルとズッキーニバーガー
4日目：
フルーツとピーナッツバターのスムージー
スナック：ローストしたヒヨコマメ
メキシカンチリビーン
スナック：ギリシャヨーグルトとイチゴ
酢鶏
5日目：
プロテインの詰まったスクランブル
スナック：ピーマンとコテージチーズ
ターキーのミートローフと全粒粉のクスクス
スナック：ヨーグルトとトロピカルフルーツ
ディジョンマスタード和えのカレイ
6日目：
かぼちゃのパイとプロテインパンケーキ
スナック：ハムとセロリスティック
地中海ライス
スナック：ミックスナッツ
ツナメルト
7日目：
ツナを詰めたカラーピーマン
スナック：セロリスティックとヤギのチーズとグリーンオリーブ
牛肉のミートボールパスタとほうれん草
スナック：ライスケーキとピーナツバター
寿司ボウル

3週間目
1日目：
高プロテイン オートミール

究極のバスケットボール選手を目指す

スナック：1カップのポップコーン
卵のスタッフドとピタブレッド
スナック：リンゴとピーナツバター
トレイで焼いたチキン
2日目：
早起きな人のための朝食
スナック：アボカドトースト
牛肉とブロッコリーのヌードル
スナック：ヨーグルトと乾燥クコの実
ガーリックハマス
3日目：
パワーボウル
スナック：ギリシャヨーグルトとイチゴ
チキン シーザー ラップ
スナックチェリートマトとヤギのチーズ
地中海の魚
4日目：
ブルーベリーとレモンパンケーキ
スナック: ローストしたヒヨコ豆
焼鮭とアスパラガスのグリル
スナック：ブルーベリーヨーグルト
ルッコラ チキン サラダ
5日目：
ギリシャヨーグルトと亜麻仁とリンゴ
スナック：ハムとセロリスティック
ツナバーガーとサラダ
スナック：ヨーグルトとトロピカルフルーツ
チキンとアボカドサラダ
6日目：
カラーピーマンの輪切りと「挽き割りトウモロコシのフリット」
スナック：カラーピーマンとコッテージチーズ
チキン胸肉のスタッフドと玄米

スナック: ミックスナッツ
ホットコッド（タラ）
7日目：
アーモンドミルク スムージー
スナック： ライスケーキ と ピーナツバター
スパイシー牛肉ステーキのカバブ
スナック： セロリスティックとヤギのチーズとグリーンオリーブ
メキシカンスタイルのプロテインボウル

4週間目
1日目：
朝食「ピザ」
スナック： ギリシャヨーグルトとイチゴ
パンチェッタで巻いたスケトウダラとジャガイモ
スナック： 1カップのポップコーン
ビーガンフレンドリー・ディナー
2日目：
メキシカンモカの朝食
スナック：チェリートマト と コッテージチーズ
地中海のライス
スナック： リンゴとピーナツバター
マッシュルームのグリル とズッキーニバーガー
3日目：
フルーツとピーナツバターの スムージー
スナック： アボカドトースト
エビ とズッキーニのリングイネパスタサラダ
スナック： ブルーベリーヨーグルト
酢鶏
4日目：
パンプキンパイとプロテインパンケーキ
スナック： ヨーグルトと乾燥クコの実
スパイスチキン

究極のバスケットボール選手を目指す

スナック：ローストしたヒヨコ豆
ディジョンマスタード和えのオヒョウ（カレイに似た魚）
5日目：
スモークサーモンとアボカドトースト
スナック：ハムとセロリスティック
牛肉 ミートボールパスタとホウレン草
スナック：ミックスナッツ
豆腐バーガー
6日目：
高プロテイン オートミール
スナック：カラーピーマンとコッテージチーズ
メキシカンチリビーン
スナック：ヨーグルトとトロピカルフルーツ
寿司ボウル
7日目：
プロテインの詰まったスクランブル
スナック：ライスケーキ と ピーナツバター
マス と ポテトサラダ
スナック：ギリシャヨーグルトとイチゴ
トレイで焼いたチキン

究極のバスケットボール選手を目指す

一ヶ月間を満たす追加2日分：
1日目：
ホエイプロテインのマフィン
スナック：セロリスティックとヤギのチーズとグリーンオリーブ
ターキーのミートローフと全粒粉のクスクス
スナック：リンゴとピーナツバター
ツナメルト

2日目：
ツナを詰めたカラーピーマン
スナック：ブルーベリーヨーグルト
スタッフドエッグとピタブレッド
スナック：ミックスナッツ
チキンのパイナップル添えとカラーピーマン

究極のバスケットボール選手を目指す

筋肉を増やすハイパフォーマンスな食事

朝食

1. 早起きな人の朝食

体をカタボリズム（摂取エネルギーが足りず、エネルギー源として筋肉が分解される働き）から抜け出させて、このオーブンで調理した高プロテインと高炭水化物の朝食で、筋肉をつけましょう。半日分以上のビタミン C を補うグレープフルーツとアスパラガスは必ず取りましょう。

材料（一人分）：
卵白６個分
調理したキヌアと玄米 ミックス　1/2 カップ
アスパラガス　3本、スライス
ピンクグレープフルーツ　1/2 個
赤の小カラーピーマン　1個、スライス
味のついていないホエイプロテインパウダー　大さじ1
ニンニク一片、つぶして
オリーブオイル スプレー
塩コショウ

準備時間：10 分
調理時間：15-20 分

作り方：
オーブンを 200C ファン/ ガス 6 に熱して、鉄のフライパンにオリーブオイル軽くスプレー します。

中くらいのボウルに、卵白とひとつまみの塩とコショウを入れ泡立てます。

調理した玄米とキヌアをフライパンに入れ、卵白とアスパラガス、スライスしたカラーピーマンを加えます。

オーブンで 15-20 分か、卵が加熱されるまで焼きます。

一人分の栄養価：407kcal、52g プロテイン、40g 炭水化物 (5g 食物繊維、 8g 砂糖)、2g 脂肪、15% カルシウム、12% 鉄分、19% マグネシウム、26% ビタミン A、63% ビタミン C、48% ビタミン K、12% ビタミン B1、69% ビタミン B2、26% ビタミン B9。

2. パワーボウル

朝食にふさわしい名前のパワーボウルは、高プロテインの卵白とエネルギー源のオートミールをまぜ合わせたものです。クルミのヘルシーな脂肪とはちみつで、ほんのりとした甘みが加わります。

材料（一人分）：
卵白６個分
インスタント オートミール　1/4 カップ　調理する
クルミ　1/8 カップ
ベリー　1/4 カップ
未精製の はちみつ　ティースプン（小さじ）1
シナモン

準備時間：10 分
調理時間：5 分

作り方：
卵白を泡立つまでまぜ、フライパンで弱火で焼きます。ボウルに、オートミールと卵白をまぜ、シナモンと未精製の はちみつを加えてまぜます。
ベリーとバナナとクルミをトッピングします。

一人分の栄養価：344kcal、30g プロテイン、33g 炭水化物 (3g 食物繊維、23g 砂糖)、11g 脂肪 (2g 飽和脂肪)、10% 鉄分、 15% マグネシウム、 10% ビタミン B1、11% ビタミン B2、15% ビタミン B5。

3. ツナを詰めたカラーピーマン

これは、大変多くのビタミン B12 が摂れる、さっと作れて栄養になるレシピです。タンパク質の豊富なツナは、筋肉をつけるための優れた朝食オプションです。もし少し炭水化物を加えたいのであれば、１枚の全粒粉トーストがよいでしょう。

材料（２人分）

ツナ缶水漬(185g)、半分水を切る

固ゆで卵　３個

ワケギ　１本、細かく刻む

小ピクルス　５個、さいの目に切る

塩コショウ

カラーピーマン　４個、半分に切って種を取る

準備時間：5 分
調理時間：10 分
作り方：

ツナと卵、ワケギ、ピクルス、調味料をフードプロセッサーでなめらかになるまでまぜます。
半分のカラーピーマンに詰めていただきます。

一人分の栄養価：480kcal、46g プロテイン、16g 脂肪 (4g 飽和脂肪)、8g 炭水化物 (2g 食物繊維、 4g 砂糖)、28% マグネシウム、94% ビタミン A、400% ビタミン C、12% ビタミン E、67% ビタミン K、18% ビタミン B1、32% ビタミン B2、90% ビタミン B3、20% ビタミン B5、56% ビタミン B6、18% ビタミン B9、284% ビタミン B12。

4. ギリシャヨーグルトと亜麻仁とリンゴ

いつもの筋肉作りの卵白の朝食から、リンゴで味付けした高プロテインのギリシャヨーグルトにトライしてみてください。丸ごとの亜麻仁で食物繊維摂取を増やすために、水に一晩つけて柔らかくすると、消化しやすくなります。

材料（一人分）：
ギリシャヨーグルト　1 カップ
リンゴ　1 個、薄くスライス
亜麻仁　テーブルスプーン（大さじ）2
シナモン　ティースプン（小さじ）1/4
ステビア　ティースプン（小さじ）1
塩ひとふり

準備時間：5 分
調理時間：45 分
作り方：
オーブンを 190C ファン/ガス 5 で熱して、テフロン加工のフライパンに、スライスしたリンゴを並べ、シナモンとステビアと塩少々をふりかけ、ふたをしてオーブンで 45 分か柔らかくなるまで焼きます。オーブンから出して 30 分冷まします。ボウルにギリシャヨーグルトを盛り付け、リンゴと亜麻仁を添えていただきます。

一人分の栄養価：422kcal、22g プロテイン、39g 炭水化物 (7g 食物繊維、22 g 砂糖)、21g 脂肪 (8 g 飽和脂肪)、14% カルシウム、22% マグネシウム、14% ビタミン C、24% ビタミン B1、13% ビタミン B12。

5. カラーピーマンの輪切りと「挽き割りトウモロコシのフリット」

おいしくて見栄えのよいメニュー、カラーピーマンの輪切りと「挽き割りトウモロコシのフリット」は筋肉の栄養供給で、一日を通して十分なエネルギー源となるでしょう。豊富なカラーと栄養は、ビタミン B1 の高い朝食です。

材料（一人分）：
卵白　6 個分
卵　2 個
玄米粉末　1/4 カップ
生のホウレン草　1 カップ
緑のカラーピーマン　1/2 個
チェリートマト　1 カップ
オリーブオイルスプレー
塩、コショウ
準備時間：10 分
調理時間：15 分

作り方：
卵白とひとつまみの塩、コショウを合わせてまぜます。テフロン加工のフライパンでオイルを温め、卵白と玄米粉末を焼きます。ホウレン草を加え、全体をまぜとホウレン草しんなりするまで焼きます。
フライパンにオリーブオイルを軽くスプレーして、中火で温めます。カラーピーマン横に切って、2つの輪切りにしてフライパンに並べ、カラーピーマンの中に卵を割り入れ、卵 が白くなるまで加熱します。

皿に卵と玄米粉末のミックスと、調理したピーマンの輪切りを盛りつけ、チェリートマトを添えていただきます。

一人分の栄養価：495kcal、45g プロテイン、45g 炭水化物 (3g 食物繊維、7g 砂糖)、11g 脂肪 (3g 飽和脂肪)、 9% カルシウム、14% 鉄分、20% マグネシウム、 35% ビタミン A、 32% ビタミン C、 91% ビタミン B2、 22% ビタミン B5、 12% ビタミン B6、15% ビタミン B12。

6. アーモンド ミルク スムージー

ビタミン D と B1 の豊富なアーモンド ミルク スムージーは 10 分でで作れます。まとめてたくさん作っておいて冷凍しておくと時間のない時の朝食にパーフェクトです。

材料（2人分）：
アーモンド ミルク　1 カップ
冷凍ミックスベリー　1 カップ
ホウレン草　1 カップ
バナナ味のプロテインパウダー　大さじ 1
チアシード　テーブルスプーン（大さじ）1

準備時間：10 分
調理なし

作り方：
すべての材料をブレンダーでなめらかになるまでミックスして、グラス 2 つに注いでいただきます。

一人分の栄養価：295kcal、26g プロテイン、32g 炭水化物 (4g 食物繊維、13g 砂糖)、9g 脂肪、40% カルシウム、20% 鉄分、12% マグネシウム、50% ビタミン A、40% ビタミン C、25% ビタミン D、57% ビタミン E、213% ビタミン B1、18% ビタミン B9。

7.　パンプキンパイ プロテイン パンケーキ

穀粉ではなく、オーツ麦のパンケーキを新鮮なカボチャを加えておいしくいただきます。カロリーフリーのシロップをかけて、大好物と同じくらいおいしい高タンパクの朝食を楽しんでください。

材料（一人分）：
昔ながらのオーツ　1/3 カップ
カボチャ　1/4 カップ
卵白　1/2 カップ
シナモン プロテイン パウダー　大さじ 1
シナモン　ティースプン（小さじ）1/2
オリーブオイル スプレー

準備時間：5 分
調理時間：5 分

作り方：
ボウルにすべての材料を入れてまぜます。中くらいのサイズのフライパンにオリーブオイルをスプレーして、中火で加熱します．
まぜたものを流し込み、上に小さな泡が見えてきたらパンケーキを裏返します。両面がキツネ色になったらパンケーキを取り出し、いただきます。

一人分の栄養価：335kcal、39g プロテイン、37g 炭水化物 (6g 食物繊維、1 g 砂糖)、6g 脂肪、14% カルシウム、15% 鉄分、26% マグネシウム、60% ビタミン A、26% ビタミン B1、37% ビタミン B2、10% ビタミン B5、31% ビタミン B6。

8. 高プロテイン オートミール

健康的に互いを補う組み合わせとして、炭水化物は長時間の満足感を得られ、プロテインパウダーとアーモンドでは、プロテインいっぱいで一日が始めることができます。フルーツ味のオートミールの方が好きな場合は、バナナ味のプロテインパウダーを使いましょう。

材料（一人分）：
インスタント オートミール（28g パック）　2 パック
砕いたアーモンド　1/4 カップ
バニラ味のホエイプロテインパウダー　大さじ 1
シナモン　テーブルスプーン（大さじ）1

準備時間：5 分
調理時間：5 分

作り方：
ボウルにインスタントのオートミール入れて、プロテインパウダーとシナモンとミックスとまぜます。お湯を入れてまぜます。砕いたアーモンドをかけて、いただきます。

一人分の栄養価：436kcal、33g プロテイン、45g 炭水化物 (10g 食物繊維、4g 砂糖)、15g 脂肪 (1g 飽和脂肪)、17% カルシウム、19% 鉄分、37% マグネシウム、44% ビタミン E、21% ビタミン B1、21% ビタミン B2。

9. プロテインいっぱいのスクランブル

51gのタンパク質の食事で筋肉をサポートし、上達編のトレーニングをこなしましょう。卵白のスクランブルエッグと野菜、ターキーのソーセージは、炭水化物と全体のビタミンを豊富に合わせることにより、効果を高めています。

材料（一人分）:
卵白　8個分
ターキー ソーセージ　2節、刻む
大きめの玉ねぎ　1個、さいの目に切る
赤いカラーピーマン　1カップ、さいの目に切る
トマト　2個、さいの目に切る
未精製のホウレン草　2カップ、刻む
オリーブオイル　ティースプン（小さじ）1
塩とコショウ

準備時間：10分
調理時間：10-15分

作り方：
卵白とひとつまみの塩とコショウを泡立つまでまぜて、置いておきます。
大きいテフロン加工のフライパンに油を入れて温め、玉ねぎとコショウを入れ、しんなりするまで軽くソテーします。塩とコショウで味付けをします。ターキーソーセージも加えて、キツネ色になるまで焼いたら　火を弱くして、卵白を入れてスクランブルにします。

卵が仕上げに近づいたら、トマトとホウレン草を入れ、2分炒めて、いただきます。

一人分の栄養価：475kcal、51g プロテイン、 37g 炭水化物 (10g 食物繊維、18g 砂糖)、 10g 脂肪 (2g 飽和脂肪)、14% カルシウム、 23% 鉄分、37% マグネシウム、255% ビタミン A、516% ビタミン C、25% ビタミン E、 397% ビタミン K、 22% ビタミン B1、 112% ビタミン B2、 29% ビタミン B3、 19% ビタミン B5、 51% ビタミン B6、 65% ビタミン B9。

10. フルーツ と ピーナツバター スムージー

一日のカルシウムを摂るのに、ストロベリー味のスムージーはいかがですか？ミネラルとビタミン、プロテインさらにエネルギー補給の炭水化物も豊富に含まれており、一日のスタートを切るのに、このスムージーはぴったりです。

材料（一人分）：
中くらいのサイズのイチゴ　15個
ピーナツバター　テーブルスプーン（大さじ）1 と 1/3
豆腐　85g
無脂肪ヨーグルト　1/2 カップ
スキムミルク　3/4 カップ
プロテインパウダー　大さじ1
氷　8個

準備時間：5分
調理なし

作り方：
ブレンダーにミルクを入れ、ヨーグルトと他の材料も入れます。完全に泡立つまでしっかりまぜ、グラス注ぎ、いただきます。

一人分の栄養価：472kcal、45g プロテイン、40g 炭水化物 (6g 食物繊維、31g 砂糖)、13g 脂肪 (4g 飽和脂肪)、 110% カルシウム、35% 鉄分、 27% マグネシウム、30% ビタミン A、 190% ビタミン C、 11% ビタミン E、 13% ビタミン B1、24% ビタミン B2、 10% ビタミン B5、 18% ビタミン B6、 17% ビタミン B9、12% ビタミン B12。

11.　ホエイ プロテイン マフィン

ヘルシーな量のオーツとチョコレート味のホエイプロテインパウダーのマフィンは、普通のオーツ代わるよい朝食です。グラス一杯のミルクと一緒にいただくと、適量のカルシウムとビタミン D で、プロテインと炭水化物とも良い組み合わせになります。

材料（4 マフィン - 2 人分）：
押し麦オーツ　1 カップ
大きめの全卵　1 個
大きめの卵白　5 個分
チョコレートホエイプロテイン パウダー　大さじ 1/2
オリーブオイル スプレー
低脂肪ミルク　2 カップ、つけ合わせ

準備時間：2 分
調理時間：15 分

作り方：
オーブンを 190C ファン/ ガス 5 に余熱しておき、全材料をまとめて 30 秒まぜます。マフィンの型にオリーブオイルをスプレーして、まぜたものを 4 個のマフィン型に入れます。オーブンで 15 分焼き上げます。オーブンから出して冷まし、ミルクと一緒にいただきます。

一人分の栄養価：(ミルクを含む): 330kcal、28g プロテイン、37g 炭水化物 (9g 食物繊維、13g 砂糖)、 6g 脂肪 (5g 飽和脂肪)、37% カルシウム、22% 鉄分、19% マグネシウム、12% ビタミ

ン A、34% ビタミン D、44% ビタミン B1、66% ビタミン B2、25% ビタミン B5、11% ビタミン B6、24% ビタミン B12。

12.　スモークサーモンとアボカドトースト

きついトレーニングと時間のない毎日ですか？ 5 分だけでこのおいしい朝食は用意できます。鮭とアボカドはヘルシーな酸が豊富で、十分なプロテインと炭水化物でモチベーションも上がります。

材料 (2 人分):
スモークサーモン　300g
中くらいのサイズの熟したアボカド　2 個、種を取り皮をむく
レモンの汁　1/2 個分
タラゴンの葉　片手一杯、刻む
スライスした全粒粉パン　2 枚、トーストする

準備時間：5 分
調理なし

作り方：
アボカドを大きめに切ってレモン汁とまぜます。皿に形良くスモークサーモンを盛り付け、アボカドとタラゴンも添えて、全粒粉トーストと一緒にいただきます。
一人分の栄養価：550kcal、 34g プロテイン、 37g 炭水化物 (12g 食物繊維、4g 砂糖) 、30g 脂肪 (5g 飽和脂肪)、 17% 鉄分、24% マグネシウム、25% ビタミン C、27% ビタミン E、 42% ビタミン K、 16% ビタミン B1、 24% ビタミン B2、 55% ビタミン B3、 35% ビタミン B5、40% ビタミン B6、35% ビタミン B9、81% ビタミン B12。

13. 朝食「ピザ」

カロリーが高く栄養価の低いピザは忘れて と代わりにこのおいしいレシピを加えましょう。ヘルシーなで腹持ちもよく 20分で作れて、プロテインだけではなく、ミネラルとビタミンも豊富です。

材料 （一人分）：
小さい全粒粉粉ピタ　1個
卵白　3個分
卵　1個
1/4 カップ 低脂肪 モッツァレラ チーズ
ワケギ　1本、スライス
マッシュルーム　1/4 カップ、さいの目に切る
カラーピーマン　1/4 カップ　さいの目に切る
ターキーベーコン　2 スライス、刻む
オリーブオイル　ティースプン（小さじ）1
塩、コショウ

準備時間：10 分
調理時間：10 分

作り方：
卵とひとつまみの塩とコショウさいの目に切った野菜を加え、まぜます。
ピタブレッドの端を曲げてボウル形を作ります。両面にオリーブオイルを塗り、ピタブレッドの丸い方を下にしてグリルに入れ、色づいたら反対に返します。

卵ミックスをピタに入れ、卵にだいたい熱が通るまで焼き、仕上げにターキーベーコン、ワケギとチーズをのせます。チーズが溶けるまで焼いて、いただきます。

一人分の栄養価：350kcal、33g プロテイン、12g 炭水化物 (3g 食物繊維、4g 砂糖)、 15g 脂肪 (6 飽和脂肪)、32% カルシウム、19% 鉄分、15% マグネシウム、36% ビタミン A、 88% ビタミン C、 72% ビタミン K、 21% ビタミン B1、 71% ビタミン B2、22% ビタミン B3、14% ビタミン B5、 21% ビタミン B6、25% ビタミン B9、 29% ビタミン B12。

14. メキシカンモカの朝食

あなたの好みのオーツとヘルシーな量のアーモンドミルクで、手軽に食物繊維の多い朝食を楽しみましょう。カイエンペッパーが、オートミールにほんの少し刺激を加えます。

材料 (一人分):
押し麦オーツ　1/2 カップ
チョコレートプロテインパウダー　大さじ 1
シナモン　テーブルスプーン (大さじ) 1/2
カイエンペッパー　ティースプン (小さじ) 1/2
砂糖なしのアーモンドミルク　1 カップ
砂糖なしのココアパウダー　テーブルスプーン (大さじ) 1

準備時間:5 分
調理時間:3 分

作り方:
電子レンジ耐性ボウルに、材料を全部入れまぜます。電子レンジで 2 分 30 秒から 3 分加熱して、いただきます。

一人分の栄養価:304kcal、27g プロテイン、38g 炭水化物 (8g 食物繊維、3g 砂糖)、7g 脂肪、32% カルシウム、15% 鉄分、25% マグネシウム、10% ビタミン A、25% ビタミン D、51% ビタミン E、12% ビタミン B1。

15. ブルーベリーレモンパンケーキ

このブルーベリーパンケーキは、レモン味で風味の増した、シンプルでおいしい一日の始まりに必要なパワーあふれる、温かくて腹持ちのよい朝食です。お好みでパンケーキの上に、大さじ一杯のギリシャヨーグルトをのせてもいいです。

材料（一人分）：
オーツブラン　1/3 カップ
卵白　5 個分
ブルーベリー　1/2 カップ
味のついていないホエイプロテインパウダー　大さじ 1
ベーキングソーダ　ティースプン（小さじ）1/2
レモン の皮　ティースプン（小さじ）1 、すりおろす
レモンドリンクミックス　テーブルスプーン（大さじ）1
オリーブオイル スプレー

準備時間：5 分
調理時間：5 分

作り方：
大きめのボウルに材料を全部入れ、なめらかになるまでまぜます。オイルをスプレーしたフライパンに、一枚分の生地を流し込み、中強火で表面に泡が出てくるまで焼きます。 裏返して両面がキツネ色になるまで焼けたら、取り出して、いただきます。

一人分の栄養価：340kcal、47g プロテイン、37g 炭水化物(6g 食物繊維、14g 砂糖)、5g 脂肪、10% 鉄分、25% マグネシウム、12% ビタミン C、19% ビタミン K、26% ビタミン B1、58% ビタミン B2。

ランチ

16. 地中海のライス

いつものツナ缶をおいしい一皿に変えましょう。午後のエクササイズの始まりに最適です。炭水化物はトレーニング通してエネルギー源となり、プロテインは筋肉がトレーニングから回復するのを助けます。

材料（一人分）：
オイルツナ缶　1缶、油を切る
玄米　100g
アボカド　1/4個、刻む
赤玉ねぎ　1/4個、スライス
レモンの汁　1/2個分
塩とコショウ

準備時間：5分
調理時間：20分

作り方：
およそ20分炊いた玄米を、玉ねぎとツナとアボカドと一緒にボウルに入れます。レモン汁と加え、材料を全部まぜます。塩 とコショウで味付けをして、いただきます。

一人分の栄養価：590kcal、32g プロテイン、80g 炭水化物 (7g 食物繊維、1g 砂糖)、 14g 脂肪 (5g 飽和脂肪)、 22% 鉄分、 52% マグネシウム、101% ビタミン D、 18% ビタミン E、 107% ビタミン K、 32% ビタミン B1、 134% ビタミン B3、26% ビタミン B5、 39% ビタミン B6、15% ビタミン B9、 63% ビタミン B12。

17. スパイスチキン

チキンは、高プロテインで筋肉作りに最適な食材です。全面的に栄養価が高く、好きな炭水化物と合わせてシンプルでおいしいメニューが出来上がります。

材料 (2人分):
骨なしチキン胸肉　3枚、半分に切る
175g 低脂肪ヨーグルト
キュウリ　5cm、細かく刻む
赤いタイカレーペースト　テーブルスプーン（大さじ）2
コリアンダー　テーブルスプーン（大さじ）2、刻む
生のホウレン草　2カップ、つけ合わせ

準備時間：5分
調理時間：35-40分

作り方：
オーブンを190C ファン/ ガス 5 に予熱します。チキンを容器に一層に並べます。ヨーグルトの 1/3 をカレーペースト、2/3 はコリアンダーとまぜ、塩を加えチキンの上にかけます。均等にチキンに塗るようにしましょう。30分か、冷蔵庫で一晩置きます。
天板にチキンを並べ、35-40 分キツネ色になるまで焼きます。鍋にお湯を沸かし、ホウレン草をしんなりするまで茹でます。残りのヨーグルトとコリアンダーをまぜ、キュウリを加えてまぜます。チキンにかけて、合わせていただきます。

一人分の栄養価： 275kcal、43g プロテイン、8g 炭水化物 (1g 食物繊維、8g 砂糖)、3g 脂肪 (1g 飽和脂肪)、20% カルシウム、15% 鉄分、25% マグネシウム、56% ビタミン A、 18% ビタミン C、181% ビタミン K、16% ビタミン B1、26% ビタミン B2、133% ビタミン B3、 25% ビタミン B5、67% ビタミン B6、19% ビタミン B9、22% ビタミン B12。

18. スタッフドエッグとピタブレッド

豊富なオメガ 3 脂肪酸をこの鮭のメニューで摂りましょう。ビタミン、ミネラルが多く腹持ちのよいこの食事は、一日中エネルギーとパワーを高めるでしょう。

材料 (2 人分):
鮭水煮缶　1 缶 (450g)
卵　2 個
大きめのワケギ　1 本、細かく刻む
大きめのレタス　2 枚
チェリートマト　10 個
ギリシャヨーグルト　テーブルスプーン（大さじ）1
大きめの全粒粉ピタブレッド　1 つ、半分に切る
海塩 とコショウ

準備時間：10 分
調理時間：10 分

作り方：
卵を茹でて殻をむき、半分に切って、卵黄をボウルに入れます。
鮭缶とヨーグルト大さじ 1 杯、ワケギ と海塩、コショウ
ボウルに入れます。材料を全部一緒にまぜて卵白に詰めます。ピタブレッドにレタスとトマトをはさんで、いただきます。
一人分の栄養価：455kcal、45g プロテイン、24g 炭水化物 (3g 食物繊維、 2g 砂糖)、36g 脂肪 (10g 飽和脂肪)、59% カルシウム、 22% 鉄分、21% マグネシウム、30% ビタミン A、24% ビ

タミン C、43% ビタミン K、11% ビタミン B1、 36% ビタミン B2、60% ビタミン B3、20% ビタミン B5、 41% ビタミン B6、20% ビタミン B9、20% ビタミン B12。

19. チキンシーザーラップ

チキンラップは、プロテインのレベルを一日を通してキープする、優れた持ち運べる食事です。ベビーホウレン草をはさむと、さらに野菜がとれます。

材料（一人分）：
チキン胸肉　85g、焼いておく
全粒粉トルティーヤ　2枚
レタス　1カップ
無脂肪ヨーグルト　50g
アンチョビーペースト　1ティースプン（小さじ）
ドライマスタード　パウダー　1ティースプン（小さじ）
ニンニク　一片、調理する
中くらいのキュウリ　1/2、刻む

準備時間：5分
調理なし

作り方：
アンチョビーペースト、ニンニクとヨーグルトをまぜ、レタスとキュウリと軽くまぜます。それを半分に分けて、チキンと2枚のトルティーヤの上にのせます。包んで、いただきます。
一人分の栄養価(トルティーヤ 2 つ): 460kcal、41g プロテイン、57g 炭水化物 (7g 食物繊維、9g 砂糖)10g 脂肪 (2g 飽和脂肪)、11% カルシウム、22% ビタミン K、13% ビタミン B2、59% ビタミン B3、12% ビタミン B5、29% ビタミン B6、10% ビタミン B12。

20. 焼鮭 とアスパラガスのグリル

昔からある食事ですが、レモン汁とマスタードでマリネすることによって味に一工夫しました。このグリルした鮭は、ニンニク味のアスパラガスととてもよく合います。優れた組み合わせのプロテインとビタミンで、あなたをもてなしてください。

材料（一人分）：
天然鮭　140g
アスパラガス　1 と 1/2 カップ
マリネ：
ニンニク　テーブルスプーン（大さじ）1、細かく切る。
ディジョンマスタード 1 テーブルスプーン（大さじ）
レモン汁　1/2 個分
オリーブオイル　ティースプン（小さじ）1

準備時間：5 分
調理時間：15 分

作り方：
オーブン を、200C ファン/ ガス 6 に予熱しておきます。
ボウルに、レモン汁と半分のニンニク、オリーブオイル とマスタードをまぜて、鮭の上にまんべんなくかけ、 しっかりとマリネできるようにします。マリネ漬けの鮭を冷蔵庫で最低１時間置いておきます。

アスパラガスの根元を切り落とします。テフロン加工の フライパンを中火から強火にし、アスパラガスと残りのニンニクで軽く約 5 分焼き目をつけます。アスパラガス は全面焼けるようにします。
鮭をベーキングシートにのせ、オーブンで 10 分焼き、アスパラガスのグリル と合わせていただきます。

栄養価：350kcal、43g プロテイン、7g 炭水化物 (5g 食物繊維、1 g 砂糖)、16g 脂肪 (1 飽和脂肪)、17% 鉄分、 20% マグネシウム、 48% ビタミン A、 119% ビタミン C、 17% ビタミン E、288% ビタミン K、 39% ビタミン B1、 60% ビタミン B2、 90% ビタミン B3、 33% ビタミン B5、74% ビタミン B6、 109% ビタミン B9、 75% ビタミン B12。

21. 牛肉のミートボールパスタとホウレン草

高プロテインのパスタは、牛肉とホウレン草の組み合わせの良さを引き出します。まんべんなくビタミンを含んでいるだけではなく、筋肉収縮を調整するのに役立つヘルシーな量のマグネシウムも含んでいます。

材料 (2 人分):
ミートボール用:
脂肪の少ないミンチ牛肉　170g
生のホウレン草　1/2 カップ、細切り
ニンニク　テーブルスプーン（大さじ）1、細かく切る
赤玉ねぎ　1/4 カップ、さいの目に切る
クミン　ティースプン（小さじ）1
海塩とコショウ
パスタ用:
ホウレン草パスタ　100g
チェリートマト　10 個
生のホウレン草　2 カップ
マリナーラソース　1/4 カップ
低脂肪パルメザンチーズ　テーブルスプーン（大さじ）2

準備時間：15 分
調理時間：30 分

作り方：
オーブンを 200C/ ガス 6 に予熱しておきます。

牛肉ミンチ、生のホウレン草、ニンニク、赤玉ねぎをまぜて、塩とコショウで味つけします。ホウレン草がしっかりと肉になじむまで手でもみ込みます。ほぼ同じ大きさにミートボールを２、３個形作り、ベーキングシート に並べ、オーブンで 10-12 分焼きます。

パスタをパッケージの説明通りに茹でて、湯切りしたパスタ とトマト、ホウレン草とチーズをまぜます。ミートボールと合わせていただきます。

一人分の栄養価：470kcal、33g プロテイン、 50g 炭水化物 (6g 食物繊維、 5g 砂糖)、12g 脂肪 (5g 飽和脂肪)、17% カルシウム、28% 鉄分、74% マグネシウム、104% ビタミン A、38% ビタミン C、11% ビタミン E、 361% ビタミン K、 16% ビタミン B1、20% ビタミン B2、 45% ビタミン B3、11% ビタミン B5、 45% ビタミン B6、 35% ビタミン B9、37% ビタミン B12。

22.　スタッフドチキンと玄米

玄米は、あなたの食生活に取り入れたい、良質の炭水化物です。高プロテインのチキン胸肉、野菜と組み合わせるとおいしいパワフルなランチになります。

材料（一人分）：
チキン胸肉　170g
生のホウレン草　1/2 カップ
玄米　50g
ワケギ　1 本、さいの目に切る
トマト　1 個、スライス
フェタチーズ　テーブルスプーン（大さじ）1

準備時間：10 分
調理時間：30 分

作り方：
オーブンを 190C ファン/ ガス 5 に予熱しておきます。チキン胸肉をスライスして、真ん中を開いて蝶のようにします。チキンを塩コショウで味つけし、広げてホウレン草、フェタチーズ、スライスしたトマトを片側に重ねます。広げたチキン胸肉をたたんで、爪楊枝で具を包むように止めて、オーブンで 20 分焼き上げます。
玄米を炊いて、ニンニクと刻んだワケギを加えます。皿に玄米と、その上にチキンをのせ、いただきます。
一人分の栄養価：469kcal、48g プロテイン、46g 炭水化物 (5g 食物繊維、 6g 砂糖)、 8g 脂肪 (5g 飽和脂肪)、 22% カルシウム、、 18% 鉄分、、 38% マグネシウム、55% ビタミン A、 43%

ビタミン C、169% ビタミン K、28% ビタミン B1、28% ビタミン B2、103% ビタミン B3、28% ビタミン B5、70% ビタミン B6、23% ビタミン B9、17% ビタミン B12。

23. エビとズッキーニのリングイネ・パスタサラダ

大好物のパスタは、細切りのズッキーニと蒸したエビを胡麻づくしで味つけしました。この材料の組み合わせで高プロテインを含んだ、軽めのランチができます。

材料（一人分）：
蒸したエビ　170g
大きめのズッキーニ　1本、刻む
赤玉ねぎ　1/4 カップ、スライス
カラーピーマン　1 カップ、スライス
ローストしたタヒニテーブルスプーン（大さじ）1
ごま油　ティースプン（小さじ）1
ごま　ティースプン（小さじ）1

準備時間：10 分
調理なし

作り方：
フードシュレッダーを使ってズッキーニを切り、生のリングイネを作ります。
ボウルに、タヒニとごま油をまぜます。
大きめのボウルに全部の材料を入れ、タヒニソースも加えざっくりと和えます。ソースが全体に行き渡るようにしましょう。ごまをふりかけて、いただきます。

一人分の栄養価：420kcal、45g プロテイン、26g 炭水化物 (10g 食物繊維、12g 砂糖)、18g 脂肪 (2g 飽和脂肪)、19% カルシウム、47% 鉄分、48% マグネシウム、33% ビタミン A、

303% ビタミン C、 17% ビタミン E、 31% ビタミン K、 38% ビタミン B1、 36% ビタミン B2、 38% ビタミン B3、 13% ビタミン B5、 66% ビタミン B6、 35% ビタミン B9、 42% ビタミン B12。

24. ターキーのミートローフと全粒粉クスクス

マフィン の型で作るこのターキーのミートローフは、飽和脂肪の摂取を最小限にします。ミートボールに入れる玉ねぎの代わりに、ピーマンやマッシュルームを入れて、刻みニンニクを少々加えて味つけをしてもいいでしょう。

材料（一人分）：
脂肪の少ないターキーミンチ　140g
赤玉ねぎ　3/4 カップ、さいの目に切る
生のホウレン草　1 カップ
減塩マリナーラソース　1/3 カップ
全粒粉クスクス　1/2 カップ、茹でる
ハーブのチョイス: パセリ、バジル、コリアンダー
塩コショウ
オリーブオイル スプレー

準備時間：5 分
調理時間：20 分

作り方：
オーブンを 200C ファン/ ガス 6 予熱しておきます。
ターキーをチョイスしたハーブで風味をつけて、さいの目に切った玉ねぎを加えます。
マフィン型にオリーブオイルを軽くスプレーして、ターキーミンチを型の中に入れます。ターキーのミートボールの上に大さじ 1 杯のマリナーラソースをのせて、オーブン 8-10 分焼きます。
クスクスと合わせて、いただきます。

一人分の栄養価：460kcal、34g プロテイン、53g 炭水化物 (4g 食物繊維、7g 砂糖)、12g 脂肪 (4g 飽和脂肪)、12% カルシウム、15% 鉄分、10% マグネシウム、16% ビタミン A、15% ビタミン C、11% ビタミン E、16% ビタミン K、11% ビタミン B1、25% ビタミン B3、16% ビタミン B6、11% ビタミン B9。

25. ツナバーガーとサラダ

ツナバーガーは、プロテインと炭水化物が高くトレーニングの日の食事にぴったりです。毎回野菜とサラダドレッシングの味つけを変えると飽きずに楽しめます。

材料（一人分）：
ツナ缶　1缶 (165g)
卵白　1個分
マッシュルーム　1/2カップ、刻む
レタス　2カップ、細切り
ドライオーツ　1/4カップ
オリーブオイル　ティースプン（小さじ）1
好みの低脂肪サラダドレッシングテーブルスプーン（大さじ）1
オレガノ　小さめの束、刻む
中くらいの全粒粉ロール　1個、半分に切る

準備時間：10分
調理時間：10分

作り方：
卵白、ツナ、ドライオーツ、オレガノを一緒にまぜて、パテを作ります。
テフロン加工のフライパンに、オイルを中火で熱して、パテを入れ、裏返してしっかりと両面を焼きます。
全粒粉ロールを横に半分に切り、その間に焼いたパテをはさみます。

ボウルに野菜を入れ、サラダドレッシングと和えて、ツナバーガーに添えていただきます。

一人分の栄養価：560kcal、52g プロテイン、76g 炭水化物 (13g 食物繊維、 7g 砂糖)、10g 脂肪 (1g 飽和脂肪)、 11% カルシウム、35% 鉄分、38% マグネシウム、16% ビタミン A、 16% ビタミン K、 35% ビタミン B1、 33% ビタミン B2、24% ビタミン B3、 28% ビタミン B5、 41% ビタミン B6、 21% ビタミン B9、 82% ビタミン B12。

26.　スパイシー牛肉ステーキカバブ

このスパイシーカバブは、ベイクドポテト添えることで筋肉作りだけでなく、ビタミン A を食生活に取り入れることができ、視力の保護に役立ちます。大さじ1杯の低脂肪ヨーグルトをポテトに添えると新鮮です。

材料（一人分）：
脂肪の少ない牛肉の脇腹肉ステーキ　140g
サツマイモ　200g
カラーピーマン　1個、刻む
中くらいのズッキーニ　1/2個、刻む
刻んだニンニク
塩、コショウ

準備時間：15分
調理時間：55分

作り方：
オーブンを 200C ファン/ ガス 6 予熱しておきます。Wrap the サツマイモをホイルで包み、オーブンに入れ 45 分焼き上げます。
脇腹肉ステーキを小さく切って塩コショウとニンニクで味つけをします。牛肉、ズッキーニ、カラーピーマンを交互に刺してカバブを作ります。
カバブをベーキングシートの上に置いて、10 分焼き、サツマイモと合わせていただきます。

一人分の栄養価：375kcal、38g プロテイン、49g 炭水化物 (9g 食物繊維、12g 砂糖)、4g 脂肪 (1g 飽和脂肪)、24% 鉄分、27% マグネシウム、581% ビタミン A、195% ビタミン C、21% ビタミン K、22% ビタミン B1、28% ビタミン B2、61% ビタミン B3、28% ビタミン B5、92% ビタミン B6、20% ビタミン B9、30% ビタミン B12。

27. マスとポテトサラダ

ビタミン B12 不足にならないよう、気をつけたいですか？ヘルシーな部分のマスと栄養ビタミンの豊富な、フレッシュなポテトサラダの組み合わせを試してください。

材料 (2人分):
マス切り身　1切れ 140g を2切れ
ジャガイモ　250g、半分に切る
ヨーグルト　ティースプン（小さじ）4
低脂肪マヨネーズ　ティースプン（小さじ）4
ケイパー　テーブルスプーン（大さじ 1）、すすぐ
小コルニッション（ピクルス）　4個、スライス
ワケギ　2本、細かくスライス
キュウリ　1/4本、さいの目に切る
レモン汁　1個分、レモンの皮　1/2個分

準備時間：10分
調理時間：20分

作り方：
ジャガイモを塩を入れた水からちょうど柔らかくなるまで 15 分茹でます。お湯を切り、冷たい水で洗ってもう一度と水を切ります。
グリルを熱します。
マヨネーズとヨーグルトミックス、レモン汁をまぜる。それをジャガイモとケイパー、ワケギ（少しとっておく）、キュウリとコルニッションに加え、まぜます。散らして the サラダ は残りのワケギと軽く和えます。

塩コショウしたマスを、グリルのベーキングシートに皮を下にして置き、火が通るまでグリルします。レモン皮を散らして、ポテトサラダと一緒にいただきます。

一人分の栄養価：420kcal、38g プロテイン、28g 炭水化物 (3g 食物繊維、6g 砂糖)、13g 脂肪 (3g 飽和脂肪)、12% カルシウム、11% 鉄分、22% マグネシウム、29% ビタミン C、59% ビタミン K、21% ビタミン B1、18% ビタミン B2、12% ビタミン B3、22% ビタミン B5、43% ビタミン B6、18% ビタミン B9、153% ビタミン B12。

28. メキシカンチリビーン

真昼の高プロテインの食事として、このメニューは一日に必要な食物繊維の 1/3 を摂るのに役立ちます。この食事は単品でも栄養的に十分なのですが、玄米の上にのせてもよいです。

材料 (2 人分):
牛肉ミンチ　250g
ベークドビーンズ缶詰　200g
牛肉ストック　75ml
玉ねぎ　1/2 個、さいの目に切る
赤いカラーピーマン　1/2 個、さいの目に切る
チポトレペースト　ティースプン（小さじ）1
オリーブオイル　ティースプン（小さじ）1
チリパウダー　ティースプン（小さじ）1/2
玄米1カップ　炊いておく（お好みで）
コリアンダーの葉　付け合わせ

準備時間：5 分
調理時間：45 分

作り方：：
テフロン加工のフライパンにオイルを中火で熱します。玉ねぎと赤いカラーピーマンを柔らかくなるまで炒めます。火を強めてチリパウダー加えミンチ牛肉を入れる前に 2 分炒めます。ミンチ牛肉を入れ茶色くなって水分が全部となくなるまで炒めます。
牛肉ストックとベイクドビーンズ、チポトレペーストを入れ、弱火で20 分ゆっくりと煮ます。コリアンダーをちらして、玄米と一緒にいただきます。

一人分の栄養価 (玄米なし): 402kcal、 34g プロテイン、 19g 炭水化物 (5g 食物繊維、 10g 砂糖)、 14g 脂肪 (5g 飽和脂肪)、29% 鉄分、 15% マグネシウム、42% ビタミン C、11% ビタミン B1、 16% ビタミン B2、 34% ビタミン B3,、40% ビタミン B6、 18% ビタミン B9、 52% ビタミン B12。

ライス　1/2 カップ: 108kcal

29. 牛肉とブロッコリーヌードル

便利でおいしい、この牛肉とブロッコリーヌードルは、20分で用意できて忙しい日に最適です。スライスした赤いチリを少々加えるのもいいでしょう。

材料 (2人分):
卵ヌードル　2カップ
細切り牛肉　200g
ワケギ　1本、スライス
ブロッコリー　1/2個
ごま油　ティースプン（小さじ）1
ソース用:
減塩醤油　テーブルスプーン（大さじ）1と1/2
トマトケチャップ　ティースプン（小さじ）1
ニンニク　一片、つぶして
オイスターソース　テーブルスプーン（大さじ）1
ショウガ　1/4片、細かくすりおろす
白ワインビネガーティースプン（小さじ）1

準備時間：10分
調理時間：10分

作り方：
ソースの材料をまぜます。パッケージの説明通りにヌードルを茹でます。茹で上がる少し前に、ブロッコリーを入れ数分してから、ヌードルとブロッコリーのお湯を切ります。
中華鍋にオイルを入れしっかり熱してから、牛肉を色が変わるまで2-3分炒めます。ソースを入れてま

ぜ、少し火を通してから、火を止めます。牛肉をヌードルに加えて、ワケギ散らして、すぐにいただきます。

一人分の栄養価：352kcal、33g プロテイン、39g 炭水化物 (5g 食物繊維、5g 砂糖)、 9g 脂肪 (2g 飽和脂肪)、 20% 鉄分、20% マグネシウム、20% ビタミン A、224% ビタミン C、214% ビタミン K、14% ビタミン B1、19% ビタミン B2、43% ビタミン B3、18% ビタミン B5、50% ビタミン B6、31% ビタミン B9、 23% ビタミン B12。

30. パンチェッタで巻いたスケトウダラとポテト

軽くて新鮮な味のこのメニューは、多くのエネルギーと高プロテインが摂れて、真昼の食事に適しています。スケトウダラ はほかの白身魚に代えてもいいですし、オリーブサンドライドトマトにしてもよいです。

材料 (2 人分):
スケトウダラ切り身　１切れ 140g を２切れ
　スライスしたパンチェッタ　４枚
新ジャガ　300g
グリーンビーンズ　100g
カラマタ オリーブ　30g
レモン汁と皮　１個分
オリーブオイル　テーブルスプーン（大さじ）２
タラゴンの小枝　少々、葉を摘む

準備時間： 10 分
調理時間： 15 分

作り方：
オーブンを 200C ファン/ ガス 6 で熱しておく。ポテトを 10-12 分柔らかくなるまで茹でて、グリーンビーンズをお茹で上がりの 2-3 分前に入れます。お湯をよく切って、ポテトを半分に切り、ベーキング皿に入れます。オリーブ、レモン皮 と オイル とを加え軽くまぜ合わせます。
魚に味付けをし、パンチェッタで巻いて、ポテトの上にのせます。10-12 分火が通るまでオーブンで焼き、

レモン 汁をかけ、タラゴンを散らして、いただきます。

一人分の栄養価：525kcal、46g プロテイン、36g 炭水化物 (5g 食物繊維、3g 砂糖)、 31g 脂肪 (8g 飽和脂肪)、 10% 鉄分、31% マグネシウム、 63% ビタミン C、 18% ビタミン K、 15% ビタミン B1、 13% ビタミン B2、 14% ビタミン B3、 25% ビタミン B6、 73% ビタミン B12。

ディナー

31. 寿司ボウル

低カロリー寿司ボウルは、ごはんの代わりにニンニク味のカリフラワーを使い、醤油とライムで味にひと工夫しました。海苔で野菜と鮭を巻いて、ミニロールにしました。

材料 (2人分):
スモークサーモン　170g
中くらいのサイズのアボカド　1個
カリフラワー　1/2個、蒸して刻む
人参　1/3カップ、細切り
カイエンペッパー　ティースプン（小さじ）1/2
ニンニクパウダー　ティースプン（小さじ）1.2
減塩醤油　テーブルスプーン（大さじ）1
海苔　2枚
ライム汁　1/2個分

準備時間：10分
調理なし

作り方：
フードプロセッサーに、カリフラワー、人参、醤油、ニンニク、ライム汁とカイエンペッパーを入れます。ペースト状までにならないよう、まぜすぎる前に止めましょう。スモークサーモンと海苔で、いただきます。

一人分の栄養価：272kcal、20g プロテイン、 13g 炭水化物 (7g 食物繊維、4g 砂糖)、16g 脂肪 (1g 飽和脂肪)、 10% 鉄分、 14% マグネシウム、73% ビタミン A、88% ビタミン C、 13% ビタミン E、 40% ビタミン K、 18% ビタミン B1、 15% ビタミン B2、 31% ビタミン B3、 21% ビタミン B5、 31% ビタミン B6、 26% ビタミン B9、 45% ビタミン B12。

32. 酢鶏 チキン

どのご家庭でも、酢鶏はシンプルでおいしいレシピです。高プロテインとビタミンは、蒸したブロッコリーととてもよく合います。

材料 (2 人分):
チキン胸肉　300g、一口サイズに切る
ガーリックソルト　ティースプン（小さじ）1
減塩チキンスープ　1/4 カップ
白ビネガー　1/4 カップ
ノーカロリー甘味料　1/4
黒コショウ　ティースプン（小さじ）1/4
減塩醤油　1 ティースプン（小さじ）
低砂糖ケチャップ　ティースプン（小さじ）3
でんぷん
ブロッコリー　400g、蒸す

準備時間：10 分
調理時間：15 分

作り方：
大きめのボウルにチキンを入れ、ニンニク、コショウと 塩で味付け、コーティングします。チキンを中強火で、火が通るまで炒めます。
その間フライパンに、チキンスープ、甘味料、ビネガー、ケチャップと醤油を入れ、まぜながら一旦沸騰させてから弱火にします。でんぷんを少しづつ入れ、数分間まぜ続けます。

ソースを、調理したチキンにかけて、蒸したブロッコリー を添えていただきます。

一人分の栄養価：250kcal、 40g プロテイン、 14g 炭水化物 (6g 食物繊維、4g 砂糖)、 2g 脂肪、 11% カルシウム、14% 鉄分、 20% マグネシウム、24% ビタミン A、 303% ビタミン C、254% ビタミン K、 17% ビタミン B1、 21% ビタミン B2、 90% ビタミン B3、 24% ビタミン B5、 58% ビタミン B6、 33% ビタミン B9。

33. ガーリックハマス

5分だけでできるヘルシーでおいしいメニューです。マグネシウムがいっぱいつまって、肉がなくても満足な量のプロテインが摂れるレシピです。全粒粉のトルティーヤと合わせるのがオススメです。

材料 (3人分):
ヒヨコ豆缶詰　1缶 400g (1/4の汁を残しておく)
タヒニ　1/4 カップ
レモン汁　1/4 カップ
ニンニク　一片
オリーブオイル　テーブルスプーン（大さじ）1
すったショウガ　ティースプン（小さじ）1/4
すりつぶしたクミン　ティースプン（小さじ）1/4
ワケギ　2本、細かく刻む
トマト　1個、刻む

準備時間：5分
調理なし

作り方：
フードプロセッサーに、ヒヨコ豆と汁、タヒニ、レモン汁、オリーブオイル、ニンニク、クミンとショウガを、なめらかになるまでまぜます。
トマトとワケギを加えてまぜ、塩コショウで味付けをしていただきます。スライスしたカラーピーマンを添えてもいいでしょう。

一人分の栄養価：324kcal、11g プロテイン、21g 炭水化物 (7g 食物繊維、1g 砂糖)、17g 脂肪 (2g 飽和脂肪)、22% カルシウム、54% 鉄分、135% マグネシウム、10% ビタミン A、12% ビタミン C、33% ビタミン K、122% ビタミン B1、12% ビタミン B2、44% ビタミン B3、11% ビタミン B5、12% ビタミン B6、40% ビタミン B9。

34. チキンのパイナップルとカラーピーマン添え

いつものチキンレシピとは違ったこの甘くて新鮮なパイナップルとの相性を試してみてください。ビタミン B3 とプロテイン高く、炭水化物も豊富です。変化を楽しむなら、ライスをキヌアに代えてもいいでしょう。

材料（一人分）：
骨なしチキン胸肉　140g
マスタード　テーブルスプーン（大さじ）1
パイナップル　1/2 カップ、さいの目に切る
カラーピーマン　1/2 カップ、さいの目に切る
玄米　50g
ココナツ オイル スプレー
クミン　ティースプン（小さじ）1
塩 と コショウ

準備時間：5 分
調理時間：15 分

作り方：
チキンを小さく切って、マスタードをもみこみ、塩コショウとクミンで味付けします。
フライパンを中火で加熱し、軽くココナツオイルをスプレーし、チキンを入れて全体をまんべんなく焼きます。チキンにほとんど火が通ってきたら、火を強めてパイナップルとカラーピーマンを加え、全体に焼き目がつくように 3-5 分炒めます。
玄米を炊いて、チキンに添えていただきます。

一人分の栄養価：377kcal、37g プロテイン、 50g 炭水化物 (6g 食物繊維、 10g 砂糖)、1g 脂肪、 12% 鉄分、33% マグネシウム、168% ビタミン C、26% ビタミン B1、 13% ビタミン B2、96% ビタミン B3、 22% ビタミン B5、 65% ビタミン B6、 10% ビタミン B9。

35. メキシカンスタイル・プロテインボウル

肉から遠ざかって、材料を全部まぜるだけでいつものおいしいメニューになります。揚げ物の脂肪と不健康なカロリーがなくても、メキシカンは味わえます。

材料:
調理済みブラックビーンズ　1/3 カップ
調理済み玄米　1/2 カップ
サルサ　テーブルスプーン（大さじ）2
アボカド　1/4 個、スライス

準備時間：5 分
調理なし

作り方：
ボウルに材料を全部まぜて、いただきます。

一人分の栄養価：307kcal、 11g プロテイン、 48g 炭水化物 (11g 食物繊維、1g 砂糖)、 7g 脂肪 (1g 砂糖)、 26% マグネシウム、 13% ビタミン K、 16% ビタミン B1、 11% ビタミン B3、 17% ビタミン B6、 30% ビタミン B9。

36. ルッコラ チキン サラダ

ルッコラは、この甘みがあってスーパーヘルシーなサラダに満足感を加えます。盛りだくさんの野菜と上質のプロテイン源で、このメニューにシンプルなガーリック入りの低脂肪ヨーグルトドレッシングで、栄養価を高めてもいいでしょう。

材料（一人分）：
チキン胸肉　120g
ベビーキャロット　5本、刻む
赤キャベツ　1/4個、刻む
ルッコラ　1/2カップ
ひまわりの種　テーブルスプーン（大さじ）1
オリーブオイル　ティースプン（小さじ）1

準備時間：10分
調理時間：10分

作り方：
チキンを一口大に切ります。テフロン加工のフライパンにオリーブオイルを熱し、チキンに火が通るまで炒めます。取り出して冷ましておきます。
大きめのボウルにベビーキャロット、ルッコラ、赤キャベツを入れ、軽くまぜます。サラダの上に冷ましたチキン とひまわりの種を盛り付けて、いただきます。

一人分の栄養価：311kcal、30gプロテイン、9g炭水化物(1g食物繊維)、13g脂肪(1g飽和脂肪)、 11%鉄分、 22%マグネシウム、 150%ビタミンA、25%ビタミンC、 29%ビタミンE、

32% ビタミン K、23% ビタミン B1、 10% ビタミン B2、 72% ビタミン B3、 11% ビタミン B5、 49% ビタミン B6、17% ビタミン B9。

37. ディジョンマスタード和えのオヒョウ

このスパイシーなオヒョウ（カレイに似た魚）のメニューは、手早く簡単にヘルシーな量のプロテインがとれます。炭水化物は控えめで、高ビタミンなので夜食にもってこいでしょう。低カロリーなので、大目にみたい日にはソースを多くすることもできます。

材料 (2人分):
オヒョウ（カレイに似た魚）220g
玉ねぎ　1/4個、さいの目に切る
赤カラーピーマン　1個、さいの目に切る
ニンニク　一片
ディジョンマスタード　テーブルスプーン（大さじ）1
ウスターソース　ティースプン（小さじ）1
オリーブオイル　ティースプン（小さじ）1
レモン汁　1個分
パセリの束
大きめの人参　2本、スティック状に切る
ブロッコリー　1カップ
マッシュルーム　1カップ、スライス

準備時間：10分
調理時間：20分

作り方：：
フードプロセッサーに、赤カラーピーマン、ニンニク、パセリ、マスタード、玉ねぎ、ウスターソース、レモン汁とオリーブオイルを入れ、まぜます。

大きめのベーキングバックに魚とソース、その他の野菜を入れて、オーブンで 190C ファン/ ガス 5 で 20 分焼き上げます。

一人分の栄養価：225kcal、33g プロテイン、 12g 炭水化物 (3g 食物繊維、5g 砂糖)、 5g 脂肪 (1g 飽和脂肪)、 11% カルシウム、 10% 鉄分、 35% マグネシウム、 180% ビタミン A、 77% ビタミン C、 71% ビタミン K、 13% ビタミン B1、 19% ビタミン B2、 51% ビタミン B3、 14% ビタミン B5、 34% ビタミン B6、 15% ビタミン B9、 25% ビタミン B12。

38. トレイで焼いた チキン

早くて簡単でおいしいこのメニューは、新鮮なチェリートマトがなくても、キッチンの夏の必需品です。ペストがシンプルな味付けのチキンに、爽やかなさを追加します。

材料 (2 人分):
チキン胸肉　300g
チェリートマト　300g
ペスト　テーブルスプーン（大さじ）2
オリーブオイルテーブルスプーン（大さじ）1
塩、コショウ

準備時間：5 分
調理時間：15 分

作り方：
ローストトレイにチキン胸肉をのせ、オリーブオイルと塩コショウして、グリルで 10 分焼きます。チェリートマト を加え、グリルでさらに 5 分チキンに火が通るまで焼きます。上にペストをぬって、チェリートマトと一緒にいただきます。

一人分の栄養価： 312kcal、36g プロテイン、 7g 炭水化物 (2g 食物繊維、 5g 砂糖)、 19g 脂肪 (4g 飽和脂肪)、 15% マグネシウム、、25% ビタミン A、34% ビタミン C、 11% ビタミン E、20% ビタミン K、10% ビタミン B1、88% ビタミン B3、13% ビタミン B5、 33% ビタミン B6。

39.　豆腐バーガー

豆腐には必須アミノ酸が含まれていて、肉の代用としても最適です。カラメル色になるまで炒めた玉ねぎ、チリフレーク、シラチャーソースがテリヤキ味の豆腐と重なって、おいしさを引き立たせます。

材料（一人分）：
固めの綿豆腐　85g
テリヤキマリネード　テーブルスプーン（大さじ）1
シラチャーソース　テーブルスプーン（大さじ）1
レタスの葉　1枚
人参　30g、細切り
赤玉ねぎ　1/4個、スライス
レッドチリフレーク　ティースプン（小さじ）1/2
中くらいのサイズの全粒粉ロール　1個

準備時間：5分
調理時間：10分

作り方：：
グリルを温めます。
テリヤキマリネードに、レッドチリフレークとシラチャーソースをまぜ、豆腐入れてマリネします。グリルで3-5分両面を焼きます。
テフロン加工のフライパンで赤玉ねぎをカラメル色になるまで炒めます。
全粒粉ロールを半分に切り、本のように広げます。
ロールにグリルした豆腐、カラメル色の玉ねぎ、人参とレタスを挟んで、いただきます。

一人分の栄養価：194kcal、11g プロテイン、28g 炭水化物 (5g 食物繊維、8g 砂糖)、5g 脂肪 (1g 飽和脂肪)、21% カルシウム、、14% 鉄分、19% マグネシウム、95% ビタミン A、10% ビタミン B1、14% ビタミン B6。

40. ホットコッド（タラ）

高プロテインでヘルシーな脂肪と低炭水化物のとびきりスパイシーなタラは、後を引く刺激です。夕方のトレーニングのために、炭水化物が欲しい時は玄米を少し食べてもいいですし、もっと辛いのがお好みならペッパーを2つ足してもいいでしょう。

材料 (2 人分):
白コッド（タラ）　340g
チェリートマト　10 個、半分に切る
パラペーニョペッパー　2つ、スライス
オリーブオイル　テーブルスプーン（大さじ）2
海塩
チリパウダー

準備時間：5 分
調理時間：10 分

作り方：
テフロン加工のフライパンにオイルを熱します。塩とチリパウダーでタラをコーティングします。フライパンに入れ、中火で 10 分加熱します。魚に完全に火が通る 1-2 分前に、ペッパーを入れます。
チェリートマトを添えて、いただきます。
一人分の栄養価：279kcal、30g プロテイン、6g 炭水化物 (1g 食物繊維、1 g 砂糖)、16g 脂肪 (2g 飽和脂肪)、11% マグネシウム、、17% ビタミン A、38% ビタミン C、26% ビタミン E、33% ビタミン K、24% ビタミン B3、43% ビタミン B6、26% ビタミン B12。

41. マッシュルームのグリルとズッキーニ バーガー

肉厚のブラウンマッシュルームは噛みごたえがあって、ベジタリアンにも肉好きにも人気があります。低カロリーなのに、多くのミネラルとビタミンを含んだ、この素朴なバーガーを楽しんでください。

材料（一人分）：
大きめの肉厚ブラウンマッシュルームの傘　1 個
小さめズッキーニ　1/4 本、スライス
ローストしたカラーピーマン　ティースプン（小さじ）1
スライスした低脂肪チーズ　1 枚
ホウレン草　4 枚
オリーブオイルスプレー
中くらいのサイズの全粒粉ロール　1 個

準備時間：5 分
調理時間：5 分

作り方：
グリルを熱して、マッシュルームの傘にオリーブオイルをスプレーし、マッシュルームとスライスしたズッキーニをグリルします。
全粒粉ロールを横に切って、材料を挟み、すぐにいただきます。
一人分の栄養価：185kcal、12g プロテイン、24g 炭水化物 (4g 食物繊維、5g 砂糖)、4g 脂肪 (1g 飽和脂肪)、21% カルシウム、、17% 鉄分、20% マグネシウム、

78% ビタミン A、28% ビタミン C、242% ビタミン K、15% ビタミン B1、 37% ビタミン B2、26% ビタミン B3、16% ビタミン B5、16% ビタミン B6、31% ビタミン B9。

42. 42. 地中海の魚料理

1日の必要量のB12が、とびきりおいしい地中海メニューでとれます。他のビタミンミネラルも、もちろんカバーし、プロテインは軽い夜食に適した量になっています。

材料 (2人分):
新鮮なマス　200g
中くらいのサイズのトマト　2個
ケイパー　ティースプン（小さじ）3
赤のカラーピーマン　1/2個、刻む
ニンニク　一片, 刻む
グリーンオリーブ　10個、スライス
玉ねぎ　1/4個、刻む
ホウレン草　1/2カップ
オリーブオイル　テーブルスプーン（大さじ）1
塩とコショウ

準備時間：10分
調理時間：15分

作り方：：
大きめのフライパンを中火で加熱し、トマト全部とニンニク、オリーブオイルを入れます。ふたをして数分、トマトが柔らかくなり始めるまで煮込みます。

玉ねぎ、カラーピーマン、オリーブ、ケイパー、塩とコショウ（必要なら水を少し)を加えます。ふたをしてトマトの形が崩れて、カラーピーマンと玉ねぎが柔らかくなるまで煮込みます。

マスを入れてふたをし、5-7 分蒸します。
最後の数分にホウレン草を加えて、いただきます。

一人分の栄養価：305kcal, 24g プロテイン、7g 炭水化物 (1g 食物繊維、4g 砂糖)、11g 脂肪 (3g 飽和脂肪)、10% カルシウム、、12% マグネシウム、、36% ビタミン A、56% ビタミン C、62% ビタミン K、13% ビタミン B1、33% ビタミン B3、12% ビタミン B5、25% ビタミン B6、15% ビタミン B9、105% ビタミン B12。

43. ビーガンフレンドリーディナー

適量のプロテインとビタミンが摂れるビーガンフレンドリーの食事です。甘辛ソースで味付けされた腹持ちのよい量の豆腐は、作るのも簡単で、あなたの味覚に合うでしょう。

材料 (2人分):
豆腐　340g
醤油　1/4カップ
ブラウンシュガー　1/4カップ
ごま油ティースプン（小さじ）2
オリーブオイル　ティースプン（小さじ）1
チリフレーク　ティースプン（小さじ）1
みじん切りニンニク　2片
ショウガ　ティースプン（小さじ）1
塩

準備時間：5分
調理時間：15分

作り方：
ボウルに、ブラウンシュガーと醤油、ごま油、ショウガ、チリフレークと塩を入れてまぜ、置いておきます。
ソース鍋にオリーブオイルを入れて熱し、豆腐を約10分焼きます。

ソースを鍋に入れ、 3-5 分火を通します。豆腐に火が通り、ソースの水分が少なくなったらかけていただきます。

一人分の栄養価：245kcal、17g プロテイン、15g 炭水化物 (1g 食物繊維、11g 砂糖)、 15g 脂肪 (3g 飽和脂肪)、34% カルシウム、 19% 鉄分、19% マグネシウム、11% ビタミン B2、11% ビタミン B6。

44. ツナメルト

いつもとは違うツナメルトは、飽和脂肪と炭水化物が豊富で、適量の炭水化物とプロテインのつまったツナ缶のメニューが、脂肪の少ない筋肉の発達をサポートします。

材料 (2人分):
ツナ缶　1缶 (165g)
低脂肪モッツァレラチーズ　2スライス
トマトソース　ティースプン（小さじ）2
全粒粉イングリッシュマフィン　1つ
オレガノ

準備時間：5分
調理時間：3分

作り方：
オーブンを 190C ファン/ ガス 5 で予熱しておきます。イングリッシュマフィンをスライスして、それぞれにトマトソースを塗ります。ツナをのせ、オレガノをふりかけて、そのツナの上にスライスしたチーズをのせます。オーブン入れて 2-3 分、チーズが溶けるまで焼き、２人分の皿に分けていただきます。

一人分の栄養価： 255kcal、31g プロテイン、14g 炭水化物 (2g 食物繊維、2g 砂糖)、 6g 脂肪 (4g 飽和脂肪)、 29% カルシウム、11% 鉄分、13% マグネシウム、10% ビタミン B1、10% ビタミン B2、60% ビタミン B3、23% ビタミン B6、52% ビタミン B12。

45. チキンとアボカドサラダ

このメニューは、良質のプロテインとヘルシーな脂肪バランスに優れ、炭水化物をたくさん摂取しなくても満足できます。ビネガーとレモンを代えて爽やかさをプラスしてもいいでしょう。

材料（一人分）：
チキン胸肉　100g
スモークパプリカ　ティースプン（小さじ）1
オリーブオイル　ティースプン（小さじ）2
サラダ用:
中くらいのアボカド　1/2個、さいの目に切る
中くらいのトマト　1個、刻む
小さめの赤玉ねぎ　1/2個、薄くスライス
パセリ　テーブルスプーン（大さじ）1、ざっくり刻む
赤ワインビネガー　ティースプン（小さじ）1

準備時間：10分
調理時間：10分

作り方：
グリルを中温に熱しておきます。チキンにオリーブオイル小さじ1とパプリカを塗ります。両面を5分完全に火が通り、軽く焦げ目がつくまで焼き上げます。チキンを厚めにスライスします。
サラダの材料を全部まぜて、残りのオリーブオイルを入れ味付けし、チキンと合わせていただきます。

一人分の栄養価：346kcal、26g プロテイン、14g 炭水化物 (6g 食物繊維、4g 砂糖)、22g 脂肪 (3g 飽和脂肪)、16% マグネシウム、22% ビタミン, 44% ビタミン C, 18% ビタミン E、38% ビタミン K、12% ビタミン B1、11% ビタミン B2、66% ビタミン B3、19% ビタミン B5、43% ビタミン B6、22% ビタミン B9。

スナック

1. チェリートマトとコッテージチーズ

チェリートマト 5 個を半分に切って、大さじ 2 のヤギのチーズ、新鮮なディルと ひとつまみの塩で和えます。
栄養価：58kcal、4g プロテイン、10g 炭水化物、30% ビタミン A、 40% ビタミン C、 20% ビタミン K、 10% ビタミン B1、10% ビタミン B6、10% ビタミン B9。

2. アボカドトースト

小さめの全粒粉パンをトーストし、つぶしたアボカド 50g をのせ、塩コショウをふりかけます。
栄養価：208kcal、5g プロテイン、28g 炭水化物 (6g 食物繊維、2g 砂糖)、 9g 脂肪 (1g 飽和脂肪)、 13% ビタミン K、13% ビタミン B9。

3. カラーピーマンとコッテージチーズ

小さめのカラーピーマンを半分に切り、コッテージチーズ 50g 好みの味付けをし、カラーピーマンに詰めます。
栄養価： 44kcal、 6g プロテイン、 3g 炭水化物 (3g 砂糖) 49% ビタミン C。

4. ライスケーキとピーナツバター

ライスケーキ 1 枚に大さじ 1 の クリーミーなピーナツバターを塗ります。

栄養価：129kcal、5g プロテイン、10g 炭水化物 (1g 食物繊維、1g 砂糖)、8g 脂肪 (1g 飽和脂肪)、10% ビタミン B3。

5. セロリスティックにヤギのチーズとグリーンオリーブを添えて

中くらいのセロリスティック 3 本にヤギのチーズ大さじ 3 とスライスしたグリーンオリーブ 3 個を添えます。
栄養価：102kcal、4g プロテイン、6g 炭水化物 (3g 食物繊維、)、6g 脂肪 (4g 飽和脂肪)、12% カルシウム、45% ビタミン K、18% ビタミン A、12% ビタミン B9。

6. ヨーグルトと乾燥クコの実

低脂肪ヨーグルト 150g に乾燥クコの実 10g をまぜます。
栄養価：134kcal、7g プロテイン、19g 炭水化物 (1g 食物繊維、18% 砂糖)、4g 脂肪 (1g 飽和脂肪)、27% カルシウム、24% 鉄分、13% ビタミン C、19% ビタミン B2、13% ビタミン B12。

7. リンゴとピーナツバター

小さめのリンゴ 1 個をスライスし、クリーミーなピーナツバター大さじ 1 をリンゴに塗ります。
栄養価：189kcal、4g プロテイン、28g 炭水化物 (5g 食物繊維、20g 砂糖)、8g 脂肪 (1g 飽和脂肪)、14% ビタミン C、14% ビタミン B3。

8. ギリシャヨーグルトとイチゴ

ギリシャヨーグルト 150g に中くらいのサイズのイチゴを個半分に切ります。
栄養価：150kcal、11g プロテイン、10g 炭水化物 (10g 砂糖)、8g 脂肪 (5g 飽和脂肪)、10% カルシウム、60% ビタミン C。

9. ミックスナッツ

クルミ 10g アーモンド 10g と レーズン 30g 。
栄養価：217kcal、4g プロテイン、25g 炭水化物 (2g 食物繊維、17g 砂糖)、13g 脂肪 (1g 飽和脂肪)、10% マグネシウム。

10. ハム とセロリスティック

中くらいの セロリスティック 6 本 をスライスした ハム 3 枚で巻き、小さじ 1 のマスタードを添えます。
栄養価：129kcal、15g プロテイン、6g 炭水化物 (6g 食物繊維、) 3g 脂肪、12% カルシウム、24% ビタミン A、12% ビタミン C、90% ビタミン K、18% ビタミン B1、12% ビタミン B2、24% ビタミン B3、15% ビタミン B6、24% ビタミン B9。

11. ヨーグルトとトロピカルフルーツ

ギリシャヨーグルト 150g に、切ったキウィ 1/2 カップと切ったマンゴー 1/4 カップを加える。
栄養価：210kcal、12g プロテイン、25g 炭水化物 (2g 食物繊維、19g 砂糖)、8g 脂肪 (5g 飽和脂肪)、13% カルシウム、11% ビタミン A、155% ビタミン C、46% ビタミン K。

12. ブルーベリー ヨーグルト

低脂肪ヨーグルト 150g とブルーベリー 1/2 カップをまぜます。

栄養価：136kcal、8g プロテイン、21g 炭水化物 (2g 食物繊維、18g 砂糖)、3g 脂肪 (1g 飽和脂肪)、27% カルシウム、13% ビタミン C、18% ビタミン K、21% ビタミン B2、13% ビタミン B12。

13. １カップのポップコーン

栄養価：31kcal、1g プロテイン、6g 炭水化物 (1g 食物繊維)。

14. ローストした ヒヨコ豆

栄養価：50g: 96kcal、4g プロテイン、13g 炭水化物 (4g 食物繊維、2g 砂糖)、3g 脂肪。

脂肪燃焼カレンダー

1週間目
1日目:
フルーツ と ナッツ ヨーグルト
卵落としスープ と チキン と ヌードル
マッシュルームピラフのレモン添え
2日目:
焼き卵 と野菜の朝食
ターキー 炒め
スタッフドナス
3日目:
朝食 グアカモーレ
レモンを塗ったバーベキューサーモン
オレンジとクルミ のブルー チーズ サラダ
4日目:
フィットネス スムージー
チキン と コーン サラダ
赤の野菜カレー
5日目:
バナナ オートミール パンケーキ
レモン風味たっぷりのマス
スタッフドズッキーニ

6日目:
ツナトースト
ガーリックビーフ
フルーツ サラダ
7日目:

ベーコンとブリーチーズのオムレツとサラダ
ライスとトマトスープ
スモークマスのビートルート添えとフェネルとリンゴのサラダ

2週間目
1日目：
ベリースムージー
ツナとブロッコリーを合わせたレモンスパゲッティ
デビルドマッシュルーム
2日目：：
ワケギとターキーラップ
チキンとマッシュルーム
メキシカンライスとビーンズサラダ
3日目：
落とし卵とスモークサーモンとホウレン草
ビーンとチリペッパー
タイ野菜とココナツミルクのスープ
4日目：
ハマスとピタブレッドに野菜を添えて
グリル魚とモロッコのスパイストマト
レンズ豆と人参のオレンジスープ
5日目：
オートミールとリンゴsとレーズン
スパイシーシーフードシチュー
ヒヨコ豆とホウレン草のカレー
6日目：
フェタとセミドライトマトオムレツ
ホウレン草とデーツのスタッフドチキン

ローストした人参とザクロとブルーチーズ
7日目:
フルーツとナッツヨーグルト
エビカレー
メキシカンライスとビーンズサラダ

3週間目
1日目:
ベーコンとブリーチーズのオムレツとサラダ
ビーンとチリペッパー
レモン風味たっぷりのマス
2日目::
フィットネス スムージー
ガーリックビーフ
スタッフドナス
3日目:
朝食 グアカモーレ
ターキー 炒め
フルーツ サラダ
4日目:
焼き卵と野菜の朝食
レモンを塗ったバーベキューサーモン
赤の野菜カレー
5日目:
バナナ オートミール パンケーキ
卵落としスープとチキンとヌードル
スモークマスのビートルート添えとフェネルとリンゴのサラダ
6日目:

ツナトースト
ライスとトマトスープ
スタッフドズッキーニ
7日目:
ベリースムージー
チキンとコーンサラダ
オレンジとクルミとブルーチーズドレッシング

4週間目
1日目:
オートミールとリンゴとレーズン
ツナとブロッコリーを合わせたレモンスパゲッティ
レンズ豆と人参とオレンジスープ
2日目::
落とし卵とスモークサーモンとホウレン草
チキンとマッシュルーム
ヒヨコ豆とホウレン草のカレー
3日目:
ワケギとターキーラップ
スパイシーシーフードシチュー
ローストした人参とザクロとブルーチーズ
4日目:
フェタとセミドライトマトのオムレツ
ビーンとチリペッパー
フルーツサラダ
5日目:
ハマスとピタブレッドに野菜を添えて
エビカレー
メキシカンライスとビーンズサラダ

6日目:
フルーツ と ナッツ ヨーグルト
ホウレン草とデーツのスタッフドチキン
タイ野菜 と ココナツ スープ
7日目:
朝食 グアカモーレ
レモン風味たっぷりのマス
スタッフドナス

一ヶ月間を満たす追加 2 日分:
1 日目：
フィットネス スムージー
チキン と コーン サラダ
オレンジと クルミ と ブルー チーズ サラダ
2 日目：
ツナトースト
ターキー 炒め
赤の野菜カレー

脂肪燃焼のためのハイパフォーマンスな食事レシピ

朝食

1. フェタ と セミドライ トマト オムレツ

手早く作れてシンプルで、低カロリーのレシピは、1日の始まりにもってこいです。味に一工夫して、保存用のトマトとオリーブオイル、イタリアン ハーブを使いました。

材料（一人分）：
卵2個　軽くまぜておく
フェタ チーズ　25g、ほぐす
セミドライトマト　4個、大まかに刻む
オリーブオイル　ティースプン（小さじ）1
ミックスリーフサラダ　付け合わせ

準備時間：5分
調理時間：5分

作り方：
小さいテフロン加工のフライパンに、オイルを熱して卵を入れ木のスプーンでまぜながら焼きます。卵の中心が半生の時に、トマトとフェタを加えオムレツを半分に折ります。1分加熱して皿に盛り付け、ミックスリーフサラダといただきます。
一人分の栄養価：300kcal、18g プロテイン、20g 脂肪 (7 飽和脂肪)、5g 炭水化物 (1g 食物繊維、 4g 砂糖)、1.8g 塩、15% カ

ルシウム、22% ビタミン D、20% ビタミン A、15% ビタミン C、25% ビタミン B12。

2. オートミールとリンゴとレーズン

温かくて腹持ちのよい、カルシウムの豊富な朝食は、お腹に優しく炭水化物が多いので、トレーニング前の食事に最適です。シナモンをふりかけて、ほんのりとした甘みとウッディーな香り楽しみます。

材料 (2人分):
オーツ　50g
低脂肪ミルク　250ml
リンゴ　2個　皮をむき、さいの目に切る
レーズン　50g
1/2 テーブルスプーン（大さじ）　はちみつ

準備時間：5分
調理時間：10分

作り方：
ソースパンでミルクを中火で沸騰させたら、オーツを入れ3分まぜます。クリーミーになってきたら、リンゴとレーズンを加え、あと2分加熱します。2つのボウルにすくって入れ、はちみつを加えてすぐにいただきます。

一人分の栄養価：256kcal、9g プロテイン、2g 脂肪(1g 飽和脂肪)、47g 炭水化物(4g 食物繊維、34g 砂糖)、17% カルシウム、11% 鉄分、、17% マグネシウム。

3. ハマスとピタブレッドに野菜を添えて

シンプルで栄養価の高い朝食は、朝に手早く作れて仕事に持って行くことができます。ハマスは冷蔵庫に保存でき、野菜とピタブレッドに詰めると、手軽な手づかみサンドイッチの出来上がりです。

材料 (2 人分):
ヒヨコ豆缶詰 200g　1 缶 、水を切る
ニンニク一片　、つぶして
タヒニ　25g
クミン　ティースプン（小さじ）1/4
絞ったレモン汁　1/4 個分
塩、コショウ
水　テーブルスプーン（大さじ）3
全粒粉ピタブレッド　2 枚
野菜ミックス(人参、セロリ、キュウリ) 200g

準備時間：15 分
調理なし

作り方：
フードプロセッサーに、ヒヨコ豆、ニンニク、タヒニ、クミン、レモン汁、塩、コショウ と 水を入れ、パルス操作でクリーミーになるまでまぜます。
トーストしたピタブレッドと、野菜ミックスと一緒にいただきます。
一人分の栄養価：239kcal、 9g プロテイン、9g 脂肪 (1g 飽和脂肪)、28g 炭水化物 (6g 食物繊維、、4g 砂糖)、 1,1g 塩、 27% 鉄分、23% マグネシウム、14% ビタミン B1。

4.　ワケギとターキーラップ

少し残ったターキーで、手早くおいしいトルティーヤサンドイッチを作ります。高プロテインで飽和脂肪も低く、爽やかなバジルの味です。

材料 (2 人分):
調理したターキー　130g (ボイルかロースト)、細切り
ワケギ　3 本、細切り
大きめキュウリ、細切り
カーリーレタス　2 枚
ライトマヨネーズ　テーブルスプーン（大さじ）1
ペスト　テーブルスプーン（大さじ）1
全粒粉トルティーヤ　2 枚

準備時間：5 分
調理なし
作り方：
ペストとマヨネーズをまぜます。ターキー、ワケギ、キュウリ、レタスを半分に分けて、2 枚のトルティーヤにのせます。ペストドレッシングをかけて全部包んで、いただきます。
一人分の栄養価：267kcal、24g プロテイン、9g 脂肪 (2g 飽和脂肪)、25g 炭水化物 (2g 食物繊維、3g 砂糖) 1.6g 塩、34% ビタミン B3、27% ビタミン B6。

5.　　ベリースムージー

半日分のカルシウムが、クリーミーヨーグルトのメニューで摂れるレシピです。ブレンダーから半分のベリーを取っておいて、スムージーの上にトッピングすることで、食物繊維増えて、より栄養価が高まります。

材料 (2 人分):
フローズンベリー　　450g
低脂肪ヨーグルト　　450g
低脂肪ミルク　　100ml
ポリッジオーツ　　25g
はちみつ　ティースプン（小さじ）1　お好みで

準備時間：10 分
調理なし

作り方：
フードプロセッサーにベリー、ヨーグルト、ミルクを入れなめらかになるまでまぜます。ポリッジオーツをいれてまぜ、2 つのグラスに注ぎます。ほんの少しはちみつを加えていただきます。
一人分の栄養価：234kcal、16g プロテイン、2g 脂肪 (2g 飽和脂肪)、36g 炭水化物 (14g 砂糖)、45% カルシウム、11% マグネシウム、18% ビタミン B2、21% ビタミン B12。

6. 落とし卵 と スモークサーモン と ホウレン草

腹持ちのよい高プロテインの朝食は、満足感で1日をスタートできます。1日の必要量のビタミンAが摂れ、ヘルシーな量のオメガ3脂肪酸は、心臓にもとてもいいのです。

材料（一人分）：
卵　2個
ホウレン草　100g、刻む
スモークサーモン　50g
白ビネガー　テーブルスプーン（大さじ）1
バター少し
全粒粉パン　1枚、トースト

準備時間：5分
調理時間：20分

作り方：
テフロン加工のフライパンを熱し、でホウレン草2分炒めます。
落とし卵を作るので、鍋の水を沸騰させ、ビネガーを入れと火を弱め、コトコトと沸かしておきます。お湯をまぜて渦を作り卵を一個づつ入れます。それぞれ約4分加熱したら、穴あきスプーンで取り出します。
トーストにバターを塗り、ホウレン草 をのせ、スモークサーモンと卵をのせます。必要なら味付けをしていただきます。

一人分の栄養価：349kcal、31g プロテイン、19g 脂肪 (6g 飽和脂肪)、13g 炭水化物 (4g 食物繊維、2g 砂糖)、3.6g 塩、23% 鉄分、23% マグネシウム、,197% ビタミン A、46% ビタミン C、21% ビタミン D、15% ビタミン B6、18% ビタミン B12。

7. ベーコンとブリーチーズのオムレツとサラダ

おいしいオムレツは、ヘルシーで腹持ちのよい卵とプロテインで、一日を始めたい人におすすめです。オムレツを V 字に切ってフリッタータのようにして、パンの代わりにサラダで堪能すると、カロリーを減らすこともできます。

材料 (2 人分):
卵　3 個、軽く泡立てる
スモークベーコン　100g
ブリーチーズ　50g、スライス
チャイブ小束、刻む
オリーブオイル　テーブルスプーン（大さじ）1
赤ワインビネガー　ティースプン（小さじ）1/2
ディジョンマスタード　ティースプン（小さじ）1/2
キュウリ　1/2 本、半分に切って種を取る
ラディッシュ　100g、1/4 に切る

準備時間：5 分
調理時間：15 分

作り方：
小さなフライパンに小さじ 1 のオイルを熱し、スモークベーコンをカリカリになるまで炒め、フライパンから取り出し、キッチンペーパーで油を拭き取ります。
テフロン加工のフライパンに小さじ 1 のオイルを熱し、ベーコンと卵と砕いたコショウを少々まぜて、フライパンに入れます。弱火で加熱し、焼きあがる

前にブリーチーズ を加え、いい色になるまでグリルします。
ボウルに残りのオリーブオイル、ビネガー、塩コショウ、マスタードを入れ、ラディッシュ とキュウリと軽く和えて、オムレツに添えていただきます。

一人分の栄養価： 395kcal、 25g プロテイン、 31g 脂肪 (12g 飽和脂肪)、 3g 炭水化物 (2g 食物繊維、 3g 砂糖)、 2.2g 塩、 10% ビタミン A、 13% ビタミン C、 15% ビタミン D、 13% ビタミン B12。

8. フィットネス スムージー

ザクロジュースで作る、乳製品なしのビーガンスムージーで、エネルギッシュに仕事をこなしたりトレーニングを維持することができます。大さじ1杯のすりつぶした亜麻仁を加えると37kcal 追加するだけで、2gの食物繊維がとれます。

材料（一人分）：
豆乳　125ml
ザクロジュース　150ml
豆腐　30g
大きめのバナナ　1本、大きめに切る
はちみつ　ティースプン（小さじ）1
アーモンド　テーブルスプーン（大さじ）1
氷　2個

準備時間：5分
調理なし

作り方：
豆乳とザクロジュースと氷2個をブレンダーで氷がなくなるまでまぜます。
バナナ、はちみつ、豆腐 を加えなめらかになるまでまぜ、グラスに注ぎ、アーモンドフレークをかけていただきます。
一人分の栄養価：366kcal、10g プロテイン、12g 脂肪 (1g 飽和脂肪)、55g 炭水化物 (4g 食物繊維、 50g 砂糖)、13% カルシウム、11% 鉄分、15% マグネシウム、14% ビタミンC、25% ビタミンB6。

9. ツナトースト

とても手早く作れて低カロリーのレシピは、神経細胞ニューロンを保護する B12 を豊富に供給します。エネルギーを足したい場合は、1枚約 120kcal の全粒粉パンとペーストを塗ってカラーピーマンを添えてもよいでしょう。

材料 (4人分):

水煮ツナ缶 (185g)　2缶、半分水を切る

固ゆで卵　3個

ワケギ　1本、細かく刻む

小ピクルス　5本、さいの目に切る

塩、コショウ

カラーピーマン　4個、半分に切って種を取る

準備時間：5分

調理時間：10分

作り方：

フードプロセッサーで、ツナ、卵、ワケギ、ピクルスと塩コショウをなめらかになるまでまぜます。半分にしたカラーピーマン詰め、形を整えいただきます。

一人分の栄養価：240kcal、23g プロテイン、8g 脂肪 (2g 飽和脂肪)、4g 炭水化物 (1g 食物繊維、2g 砂糖)、14% マグネシウム、47% ビタミン A、28% ビタミン B6、142% ビタミン B12。

10. バナナ オートミール パンケーキ

小麦粉を押し麦オーツに代えて、よりヘルシーなパンケーキを楽しみましょう。バナナがかすかに砂糖の代わりになるのですが、好みで小さじ1杯のはちみつ（小さじ1杯 23kcal）を塗ってもよいでしょう。

材料 (8 パンケーキ):
押し麦オーツ　50g
卵　4個、軽く泡立てる
バナナ　2本、大きめに切る
シナモン　ティースプン（小さじ）1/2
オリーブオイル　パンケーキ1枚ごとにティースプン（小さじ）1

準備時間：5分
調理時間：30分

作り方：
フードプロセッサーに全部材料を入れ、まぜます。テフロン加工のフライパンにオイルを小さじ1を熱して、まぜた生地をフライパンに1/4カップ落とします。パンケーキの両面を軽く色つくまで焼きます。

パンケーキごとの栄養価: 135kcal、4g プロテイン、13g 脂肪 (3g 飽和脂肪)、10g 炭水化物 (1g 食物繊維、3g 砂糖)。

11. 朝食 グアカモーレ

アボカドを使った料理を忘れてはいけません。ヘルシーな脂肪と食物繊維がたっぷりで、と なめらかな食感と濃厚な味はレモンの風味が効いています。朝食のグアカモーレで、ランチまでエネルギッシュに活動できます。

材料 (2 人分):
熟したアボカド　1 個
大きめのトマト　1 個、ざっくり 刻む
ワケギ　1 本、細かく刻む
つぶしたニンニク　一片
レモンの汁　1/2 個分
塩
砕いた 黒 コショウ
スライスした全粒粉パン　2 枚、トースト

準備時間：5 分
調理なし

作り方：
アボカドを縦半分にスライスして、大きめのボウルに果肉をスプーンですくって入れます。フォークでつぶし、レモン汁 をかけ刻んだトマト、ワケギ とニンニクを入れます。塩 とたっぷりの黒コショウで味付けします。よくまぜて、トースト の上に塗り、すぐにいただきます。

一人分の栄養価：280kcal、 9g プロテイン、 13g 脂肪 (2g 飽和脂肪)、 30g 炭水化物 (9g 食物繊維、 5g 砂糖)、 10% 鉄分、 17%

マグネシウム、14% ビタミン A、29% ビタミン C、17% ビタミン B6。

12.　卵と野菜の朝食ベイク

独創的で簡単に作れる朝食は、卵を焼くのではなくベイクすることで、十分な量の飽和脂肪がとれます。卵は腹持ちがよく、野菜はおいしいだけでなくビタミンAとCも補給できます。

材料（一人分）：
大きめのハラタケ（食用きのこ）　2個
中くらいのサイズのトマト　2個、半分に切る
ホウレン草　100g
卵　2個
ニンニク　一片、薄くスライス
オリーブオイル　ティースプン（小さじ）1

準備時間：5分
調理時間：30分

作り方：
オーブンを200Cファン/ガス6熱しておきます。オーブン耐性皿に、トマトとハラタケとニンニクを入れ、オイルふりかけ味付けをして10分焼きます。大きめのフライパンにホウレン草を入れ、沸騰したお湯を入れしんなりさせます。余分な水分をしぼり、ホウレン草を耐性皿にのせます。野菜にすき間を作り、卵を割り入れます。オーブンで10分、卵に火が通るまで加熱します。

一人分の栄養価：254kcal、18gプロテイン、16g脂肪(4g飽和脂肪)、16g炭水化物(6g食物繊維、10g砂糖)、31%鉄分、17%

カルシウム、29% マグネシウム、238% ビタミン A、11% ビタミン D、102% ビタミン C、18% ビタミン B1、51% ビタミン B2、20% ビタミン B3、29% ビタミン B6、22% ビタミン B12。

13. フルーツとナッツヨーグルト

シリアル代わりにとてもよい炭水化物たっぷりの朝食は、ランチ前まで腹持ちをキープし、大事な仕事前のスタートを切るエネルギーを与えてくれます。ミックスナッツは十分な量のヘルシーな脂肪だけでなく、ヨーグルトで半日分のカルシウムがとれます。

材料（一人分）：
中くらいのサイズのバナナ　1本、スライス
ブルーベリー（生、冷凍または解凍したもの）100g
クルミ　20g
ヘーゼルナッツ　20g
レーズン　10g
無脂肪ヨーグルト　200g

準備時間：5分
調理なし

作り方：
ボウルにフルーツとナッツを、ヨーグルトに重ねるように盛り付け、いただきます。

一人分の栄養価：450kcal、13g プロテイン、25g 脂肪 (2g 飽和脂肪)、54g 炭水化物 (9g 食物繊維、32g 砂糖)、44% カルシウム、16% マグネシウム、30% ビタミン C、36% ビタミン B6。

ランチ

14. 卵落としスープとチキンとヌードル

手早く簡単に作れるこのメニューは、昼の食事に最適です。ヌードルには、十分エネルギーを高める炭水化物が含まれており、一日中活動を維持することができ、肉はビタミンBがたっぷりです。

材料 (2人分):
皮なし骨なしチキン胸肉　1枚、さいの目に切る
卵　1個、ほぐしておく
チキンスープ　0.6l
ワケギ　1本、細かく刻む
全粒粉ヌードル　70g
冷凍スイートコーンか縦半分に切ったベビーコーン 70g
レモン汁
シェリービネガー　ティースプン（小さじ）1/4

準備時間：10分
調理時間：15分

作り方：
大きめの鍋にチキンとスープを入れ、コトコト5分煮込む。ヌードルは、パッケージの説明通りに調理する。
コーンを入れ、2分沸騰します。スープをかき回し、渦があるうちに、卵をゆっくりと渦に流し入れます。

フォークなどで渦と同じ方向にまぜ、火を止めます。
Add the レモン汁とビネガーを加えます。
ヌードルは湯切りをして、2つのボウルに分け、スープをかけて、刻んだワケギを散らしていただきます。

一人分の栄養価：273kcal, 26g プロテイン、6g 脂肪 (1g 飽和脂肪)、30g 炭水化物 (3g 食物繊維、2g 砂糖)、1g 塩、96% ビタミン B3、 42% ビタミン B6。

15. チキンとコーンサラダ

パプリカのスパイスが効いたチキンは、グリルしたスイートコーンと、新鮮でパリッとしたレタスでヘルシーでスピーディーサラダを合わせて、たっぷりのビタミンBもとれます。ニンニクベースのドレッシングをかけたら、おいしい食事のできあがりです。

材料 (2 人分)
小さめ皮なしチキン胸肉　2 枚
コーン　1 軸
ロメインレタス　小さめ 2 枚、縦 1/4 に切る
キュウリ　1/2 本、さいの目に切る
一片ニンニク　、つぶす
オリーブオイル　テーブルスプーン（大さじ）1
パプリカ　ティースプン（小さじ）1
レモンの汁　半個分

サラダドレッシング (2 人分):
一片ニンニク、つぶす
カードミルク　75ml
白ワインビネガー　テーブルスプーン（大さじ）1

準備時間：20 分
調理時間：20 分
作り方：
チキン胸肉を縦半分に切って細い 4 本のチキンにします。パプリカ、ニンニク、オイル小さじ 1 とレモ

ン汁と塩コショウで、チキンを 20 分以上マリネします。
フライパンに残りのオイルを熱して、チキンを 3-4 分両面しっかりと火が通るまで焼きます。残りのオイルをコーンに塗って、5 分ほど軽く焦げ目がつくまでプレートで均等に焼きます。コーンを取り出し、コーン粒をカットします。
ドレッシングの材料をまぜます。
キュウリとレタスをまぜ、チキンとコーンをのせ、ドレッシングをかけます。
一人分の栄養価：：253kcal, 29g プロテイン, 8g 脂肪 (1g 飽和脂肪), 14g 炭水化物 (3g 食物繊維、, 6g 砂糖), 20% 鉄分、, 40% マグネシウム、, 96% ビタミン B3, 72% ビタミン B6.

16. ツナとブロッコリーを合わせたレモンスパゲッティ

15分で手早くできる、この爽やかな魚のパスタは高いエネルギー効果があります。スパゲッティとツナと野菜のミックスは、バランス良く栄養価の高いメニューです。

材料 (2人分):
全粒粉スパゲッティ　180g
オイルツナ缶　100g、油を切る
ブロッコリー　125g、房で分ける
種なしグリーンオリーブ　40g、1/4に切る
ケイパー　テーブルスプーン（大さじ）1、水を切る
レモン汁と皮　半個分
オリーブオイル　ティースプン（小さじ）1、プラスかける分

準備時間：5分
調理時間：10分

作り方：
スパゲッティをパッケージの説明通りに茹でます。茹で上がり6分前にブロッコリーを入れ、4分ほど噛みやすい硬さまで茹でます。
大きいボウルにオリーブ、エシャロット、ケイパー、ツナ、レモンの皮と汁を入れてまぜます。湯切りしたパスタとブロッコリーをボウルに入れよくまぜ、オリーブオイルと黒コショウをかけます。

一人分の栄養価：: 440kcal, 23g プロテイン, 11g 脂肪 (2g 飽和脂肪), 62g 炭水化物 (5g 食物繊維、, 4g 砂糖), 1.4g 塩, 12% 鉄分、, 20% マグネシウム、, 25% ビタミン A, 50% ビタミン B3, 25% ビタミン B6, 90% ビタミン B12.

17. レモンを塗ったバーベキューサーモン

リッチでヘルシーな脂肪とプロテイン B、ビタミンのつまった鮭は、ぜひ食卓にのせたい魚です。シンプルにミックスしたトマトとグリーンサラダと合わせて、レモン風味の食事を堪能しましょう。

材料 (2 人分):
骨なし鮭切り身　150g　2 切
レモン汁と皮　1/2 個分
フレッシュなタラゴン　10g、細かく刻む
ニンニク　一片、細かく刻む
オイル　テーブルスプーン（大さじ）1

準備時間：5 分
調理時間：10 分

作り方：
皿にレモンの皮と汁、ニンニク、タラゴン とオリーブオイル塩 とコショウまぜ、鮭の切り身を入れます。鮭にまんべんなく塗り、カバーをして 10 分置いておきます。
グリルを高温に熱して、鮭の切り身をマリネ液から取り出し、ベーキングシートにのせ、7-10 分グリルします。鮭にちょうど火が通ったら、いただきます。

一人分の栄養価：322kcal、31g プロテイン、22g 脂肪 (4g 飽和脂肪)、1g 炭水化物、12% ビタミン B2、30% ビタミン B1、60% ビタミン B3、45% ビタミン B6、79% ビタミン B12。

18.　ライスとトマトスープ

ヘルシーなメインコースのライスとトマトスープは、夏にフレッシュで風味のよいトマトが手に入ったら、是非作ってみましょう。冷たくしても、爽やかです。

材料 (2 人分):
玄米　70g
トマ　200、刻む
トマト ピューレ　ティースプン（小さじ）1
ワケギ　1 本、細かく刻む
小さめの人参　1 本、細かく刻む
セロリスティッ　1/2 本、細かく刻む
1 キューブの野菜ストック　1/2 l
ザラメ砂糖　ティースプン（小さじ）1
ビネガー　ティースプン（小さじ）1
パセリ　少々、刻む
ペスト　少々（お好みで）

準備時間：10 分
調理時間：35 分

作り方：
大きめのフライパンにオイルを熱して、人参、セロリ、玉ねぎ を 中火で柔らかくなるまで加熱します。ビネガーと砂糖を加え 1 分 加熱し、トマト ピューレを入れます。トマトと野菜ストックと玄米を入れ、ふたをし弱火で 10 分煮込みます。
2 つのボウルに分け、パセリをちらし、好みでペスト加えます。

一人分の栄養価：213kcal、6g プロテイン、3g 脂肪 (1g 飽和脂肪)、39g 炭水化物 (4g 食物繊維、13g 砂糖)、1.6g 塩、16% ビタミン A、22% ビタミン C。

19. ホウレン草とデーツのスタッフドチキン

高プロテインとバランスのとれた量の炭水化物と豊富なビタミンのヘルシーな食事は、栄養素とおいしさとほとんどカバーしています。デーツとホウレン草詰め物は、うれしい甘みを加えています。

材料 (2 人分):
骨なし皮なしチキン胸肉　2 枚
ホウレン草　100g、刻む
小玉ねぎ　1 本、細かく刻む
ニンニク　一片、細かく刻む
デーツ　4 個　細かく刻む
ザクロジュースまたは、はちみつ　テーブルスプーン（大さじ）1
クミン　ティースプン（小さじ）1
オリーブオイル　テーブルスプーン（大さじ）1
冷凍グリーンビーンズ　100g

準備時間：10 分
調理時間：15 分

作り方：
オーブンを 200C ファン/ガス 6 に熱します。テフロン加工のフライパンにオイルを熱して、玉ねぎ、ニンニク、a 少しの塩を入れ 5 分炒め、デーツ、ホウレン草、小さじ 1/2 のクミンを加え、さらに 1-2 分炒めます。
チキン胸肉を、一部を残して本のように開けるように、縦半分に切ります。チキン胸肉に具を詰めてオ

ーブントレイに置き、残りのクミンをまぶし、はちみつかザクロ ジュースをかけて 20 分焼きます。冷凍グリーンピースを軽く蒸して添えます。

一人分の栄養価：257kcal、36g プロテイン、 4g 脂肪 (1g 飽和脂肪)、21g 炭水化物 (3g 食物繊維)17% 鉄分、23% マグネシウム、97% ビタミン A、 36% ビタミン C、 96% ビタミン B3、49% ビタミン B6。

20. ビーンとチリペッパー

ヘルシーでスパイスの効いたベジタリアンの昼食は、1/2 から 1/3 の必要量の食物繊維がとれます。少量の玄米と合わせていただくと、170kcal プラスのメニューになります。

材料 (2 人分):
コショウ　170g、種を取ってスライス
チリソース入りキドニービーンズ　1 缶 200g
ブラックビーンズ　1 缶 200g、水気を切る
トマト　200g、刻む
小玉ねぎ　1 個、刻む
クミン　ティースプン（小さじ）1
チリパウダー　ティースプン（小さじ）1
スイートスモークパプリカ　ティースプン（小さじ）1
オリーブオイル　ティースプン（小さじ）1

準備時間：15 分
調理時間：30 分

作り方：
大きめにフライパンオイルを熱して、玉ねぎとコショウを入れ、8-10 分柔らかくなるまで炒めます。スパイスを加え 1 分炒めます。
ビーンとトマトを加えコトコト 15 分煮込みます。チリにとろみがついてきたら、いただきます。

一人分の栄養価：183kcal、11g プロテイン、5g 脂肪 (1g 飽和脂肪)、26g 炭水化物 (12g 食物繊維、12g 砂糖)、16% 鉄分、14%

マグネシウム、16% ビタミン A、22% ビタミン C、14% ビタミン B1。

21.　ガーリックビーフ

手早く作れる牛肉ステーキは、高プロテインで低脂肪と低炭水化物だけではなく、ビタミンBもいっぱいです。チェリートマトと組み合わせると、腹持ちもよく、爽やかなメニューです。

材料 (2人分)
牛バラ肉　300g
ニンニク　3片
赤ワインビネガー　テーブルスプーン（大さじ）2
黒コショウ粒　ティースプン（小さじ）1
チェリートマト　200g、半分に切ってビネガーをふりかける

準備時間：10分
調理時間：15分

作り方：
すり鉢に、粒コショウを砕いてニンニクとひとつまみの塩を入れ、軽くなめらかになるまですり、ビネガーに加えます。トレイ皿に牛肉を入れペーストをもみ込みます。冷蔵庫で2時間ねかしておきます。鉄板を高温にします。牛肉からマリネペーストを取り、塩を足します。牛肉を約5分焦げ目がつくまで両面焼きます。カットが厚すぎないように注意しましょう。焼けたらまな板にのせ5分休ませ、スライスしてチェリートマトを添えていただきます。

一人分の栄養価：223kcal、34g プロテイン、6g 脂肪、7g 炭水化物 (1g 食物繊維、3g 砂糖)、22% 鉄分、16% ビタミン A、22% ビタミン C、27% ビタミン B2、42% ビタミン B3、30% ビタミン B6、64% ビタミン B12。

22. グリル魚とモロッコ風スパイストマト

タイ科のシーブリームのメニューでは、優れたプロテイン源がとれます。芳しいスパイスの南アフリカンのソースは素晴らしく、イワシやシーバスともよく合います。

材料 (2人分):
皮なしシーブリーム切り身　140gを2枚
大きめのトマト　3個
大きめのレッドチリ　1と1/2個、種を取って半分に切る
ニンニク　2片、つぶす
オリーブオイル　20ml
クミン　ティースプン（小さじ）1
擦ったパプリカ　ティースプン（小さじ）1
黒コショウ　ティースプン（小さじ）1/8
ひとつまみのカイエンペッパー
小束パセリ　ざっくり刻む
小束コリアンダー　ざっくり刻む

準備時間：30分
調理時間：15分

作り方：
グリルを高温で熱して、レッドチリを皮目を上にしてベーキングトレイにのせ、グリルに入れ、皮が黒く火ぶくれの状態になるまでグリルします。ボウルに入れしっかりふたをして、冷ましておきます。冷めたら焦げた皮をむき小さく切ります。

トマトの皮むきをし4分の1に切って、種を取りさいの目に切ります。
大きめのフライパンにオイルを熱して、ニンニク、すりつぶしたコショウ、スパイスいれ2分加熱します。
レッドチリとトマトを入れ、トマトがだいぶ柔らかくなるまで中火で加熱します。柔らかくなったトマトをつぶして水分が減ってソース状になるまで炒めます。
グリルを高温で熱して、魚をベーキングトレイに敷いた、軽くオイルを塗ったアルミホイルにのせます。味をつけてグリルで4-5分火が通るまで焼きます。
ソースを皿に分け、魚を盛り付けて、刻んだハーブをのせます。
一人分の栄養価：308kcal、25gプロテイン、18g脂肪(2g飽和脂肪)、16g炭水化物(4g食物繊維、12ｇ砂糖)、23%マグネシウム、45%ビタミンA、55%ビタミンC、12%ビタミンB1、12%ビタミンB2、14%ビタミンB3、34%ビタミンB6。

23. エビカレー

たった 20 分で作れるおいしいカレー風味の、シーフードディッシュです。クリーミーで香りの良いチェリーソース炊いた玄米（約 175kcal）ととてもよく合います。

材料 (2 人分):
冷凍生エビ　200g
トマト　200g、刻む
袋入りココナツクリーム　25g
小玉ねぎ　1 個、刻む
赤いタイカレーペースト　ティースプン（小さじ）1
フレッシュなショウガ　ティースプン（小さじ）1/2
オリーブオイル　ティースプン（小さじ）1
コリアンダー、刻む

準備時間：5 分
調理時間：15 分

作り方：
ソースパンにオイルを温めます。玉ねぎとショウガを入れ数分、柔らかくなるまで炒めます。カレーペーストを加え、あと 1 分炒めます。トマトとココナツクリームを入れ、一度沸騰させてから火を弱め 5 分煮込みます。濃厚になりすぎたら、少しお湯を足します。
エビを加え 5-10 分さらに加熱し、刻んだコリアンダーを散らしていただきます。
一人分の栄養価：180kcal、20g プロテイン、9g 脂肪 (4g 飽和脂肪)、6g 炭水化物 (1g 食物繊維、5g 砂糖)、1g 塩、18% 鉄分、

10% マグネシウム、20% ビタミン A、26% ビタミン C、13% ビタミン B3、25% ビタミン B12。

24. チキンとマッシュルーム

ヘルシーなチキンキャセロールは、豊富なプロテインは、夕食までキープできます。チキンモモ肉はジューシーな旨味を増し、マッシュルームの食感と合う低カロリーな昼のメニューです。

材料 (2人分):
骨なし皮なしチキンモモ肉　250g
チキンストック　125ml
冷凍グリーンピース　25g
マッシュルーム　150g
さいの目に切ったパンチェッタ　25g
大きめのエシャロット　1本、刻む
オリーブオイル　テーブルスプーン（大さじ）1
白ワインビネガー　ティースプン（小さじ）1
小麦粉　まぶし用
少なめに一握りのパセリ、細かく刻む

準備時間：15分
調理時間：25分

作り方：
テフロン加工のフライパンに、小さじ1のオイルを温め、味付けして小麦粉をまぶしたチキンを焼きます。全面をまんべんなく焼き色をつけて、チキンを取り出し、パンチェッタとマッシュルームが柔らかくなるまで炒めます。
残りのオリーブオイルを入れ、エシャロットを5分炒めます。チキンストックとビネガーを加え、グツ

グツと 1-2 分煮込みます。チキン、パンチェッタ、マッシュルーム鍋に入れ 15 分煮込みます。グリーンピースとパセリを加えあと 2 分煮込んで、できあがり。

一人分の栄養価：260kcal、32g プロテイン、13g 脂肪 (3g 飽和脂肪)、4g 炭水化物 (3g 食物繊維、1g 砂糖)、1g 塩、21% 鉄分、39% ビタミン D、12% ビタミン B2、34% ビタミン B3、17% ビタミン B6。

25. ターキー炒め

高プロテインで手早く作れて、味わい深く、スパイシーなランチに最適です。炭水化物は、エネルギー補給に役立つので、トレーニング前の食事にもなるでしょう。

材料 (2 人分):
ターキー胸肉ステーキ　200g　脂肪を取って細長く切る
ライスヌードル　150g
グリーンビーンズ　170g、半分に切る
ニンニク　一片、スライス
小さめの赤玉ねぎ　1 個、スライス
レッドチリ　1/2 個、細かく刻む
ライム汁　1/2 個分
オリーブオイル　ティースプン（小さじ）1/2
チリパウダー　ティースプン（小さじ）1/2
魚醤　ティースプン（小さじ）1
ミント　ざっくり刻む
コリアンダー　ざっくり刻む

準備時間：10 分
調理時間：15 分

作り方：
ヌードルは、パッケージの説明通りに調理します。テフロン加工のフライパンにオイルを熱して、ターキーを高温で 2 分焼きます。玉ねぎ、ニンニク、ビーンズを加え 5 分炒めます。

ライム汁、新鮮なレッドチリ、チリパウダーと魚醤を加え、3分炒めます。ヌードルとまぜ合わせて、好みでハーブを散らします。

一人分の栄養価：425kcal、32gプロテイン、3g脂肪(1g飽和脂肪)、71g炭水化物(4g食物繊維、4g砂糖)、1g塩、12%鉄分、10%マグネシウム、12%ビタミンA、36%ビタミンC、13%ビタミンB1、24%ビタミンB2。

26. レモン風味たっぷりのマス

簡単でヘルシーなマスのレシピを、軽い夏のメニューとして試してみてください。豊富なビタミン B12 とレモン風味の白身魚 は、海塩とレモンで酸味を増したグリーンサラダを添えていただきます。

材料 (2 人分):
マス切り身　2 枚
松の実　15、トーストしてざっくり刻む
パン粉　25g
ソフトバター　ティースプン（小さじ）1
オリーブオイル　ティースプン（小さじ）1
レモン汁と皮　半個分
小束パセリ　1 束、刻む

準備時間：10 分
調理時間：5 分

作り方：
グリルを高温に熱します。オイルを塗ったベーキングトレイに、切り身の皮目を下にして並べます。パン粉、レモン汁と皮、バター、パセリと松の実の半分をまぜます。切り身にかけて、オイルをふりかけ、グリル で 5 分焼きます。残りの松の実を散らして、蒸したカリフラワーかグリーンビーンズを添えます。

一人分の栄養価：298kcal, 30g プロテイン、 16g 脂肪 (4g 飽和脂肪)、 10g 炭水化物 (1g 食物繊維、 1g 砂糖)、11% マグネシウ

ム、14% ビタミン B1、41% ビタミン B3、25% ビタミン B6、150% ビタミン B12。

27. スパイシー シーフード シチュー

味わいのあるスパイシー なエビと、ハマグリと白身魚のミックスは、ヘルシー な量のプロテイン とビタミン B のほとんどをとることができます。一つの鍋でできるキャセロールは、新鮮なシーフード がさらに風味を引き立てます。

材料 (2 人分):
皮をむいた大きめの生エビ　100g
ハマグリ　150g
白身魚切り身　150g、3 cm に切る
小さい新ジャガ　250g、半分に切って茹でておく
トマト　130g、刻む
チキンストック　350ml
小さめ玉ねぎ　1 個、刻む
ニンニク　2 片、刻む
乾燥ポブラノチリ（メキシコのマイルドなチリ）　1 個
ライム汁　1 個分
スモークホットパプリカ　ティースプン（小さじ）1/2
すりつぶしたクミン　ティースプン（小さじ）1/2
オリーブオイル　ティースプン（小さじ）1
ライムのくし切り　人数分　（お好みで）

準備時間：15 分
調理時間：30 分

作り方：
熱いフライパンで、チリを少し膨れるまで乾煎りして、取り出し、種と芯を取り除きます。沸騰したお湯に15分つけておきます。

大きめの鍋にオリーブオイルを温め、玉ねぎ、ニンニク、味付けをして柔らかくなるまで炒めます。パプリカ、チリ、クミン、トマトとチキンストック入れ、5分ソテーし、ブレンダーでなめらかなピューレにします。鍋に戻して一度沸騰させ、弱火にし10分コトコト煮込みます。エビ、魚の切り身、ハマグリと新ジャガを加え、ふたをして中強火で5分煮込みます。好みでライムを添えます。

一人分の栄養価：347kcal、44gプロテイン、6g脂肪(1g飽和脂肪)、28g炭水化物(4g食物繊維、、7g砂糖)、1.1g塩、18%マグネシウム、12%ビタミンA、40%ビタミンC、16%ビタミンB1、10%ビタミンB2、23%ビタミンB3、26%ビタミンB6、62%ビタミンB12。

ディナー

28. スタッフドナス

カリッとしたチーズとパン粉のトッピングで、食欲をそそる野菜のメニューは、軽めの夕食にピッタリです。ピーマンの代わりにナスを使いました。

材料 (2 人分):
ナス　1 個
ベジタリアンモッツァレラチーズ　60g、裂いておく
小玉ねぎ　1 個、細かく刻む
ニンニク　2 片、細かく刻む
オリーブオイル　テーブルスプーン（大さじ）1、プラスふりかけ用
チェリートマト　6 個、半分に切る
一握りのバジルの葉、刻む
生の全粒粉パン粉　少し

準備時間：15 分
調理時間：40 分

作り方：
オーブンを 200C ファン/ガス 7 に熱しておきます。ナスを縦半分に切ります。ヘタはそのままでも切り落としてもいいです。ナスの端から 1cm の厚さに切り込みを入れて、スプーンで中身をすくい、くりぬいたものを 2 つ用意します。すくい出したナスを切って置いておきます。ナスの皮にオイルを少し塗り、

味付けをしてベーキングトレイにのせます。アルミホイルで覆って オーブンで 20 分焼きます。

テフロン加工のフライパンに残りの オイルを入れ、玉ねぎがしんなりするまで炒め、刻んだナスを火が通るまで炒めます。ニンニクとトマトを加え、さらに 3 分炒めます。

ナスの皮が柔らかくなったら、オーブンから出して炒めた具を皮に詰めて、パン粉とオイル少しをふりかけ、モッツァレラチーズをのせます。オーブンの温度を 180C ファン/ ガス 6 に弱めて、チーズ が溶けてパン粉がキツネ色になるまで、15-20 分焼き上げます。グリーン サラダを添えます。

一人分の栄養価： 266kcal、 9g プロテイン、20g 脂肪 (6g 飽和脂肪)、14g 炭水化物 (5g 食物繊維、7g 砂糖)、 1g 塩、15% ビタミン A、 19% カルシウム。

29. オレンジとクルミとブルーチーズのサラダ

軽い夕食に、くずしたブルーチーズとクルミで、塩味の効いたスイートサラダはいかがでしょう。とてもヘルシーな脂肪とビタミンCのレシピは、たった10分で作れて忙しい日の終わりにピッタリです。

材料 (2人分):
ミックスサラダ (ホウレン草、ロケットとクレソンなど) 100g　1袋
大きめのオレンジ　1個
クルミ　40g、ざっくり刻む
くずしたブルーチーズ　70g
クルミオイル　ティースプン（小さじ）1

準備時間：10分
調理なし

作り方：
ボウルに、ミックスサラダを入れておきます。小さいボウルの上でオレンジをむいて一房ごとに切り、こぼれるジュースもとっておきます。クルミオイルをオレンジジュースに入れてかきまぜサラダにかけます。ざっくりとまぜたら、オレンジ果実、ブルーチーズ、クルミを散らしていただきます。
一人分の栄養価：356kcal、14gプロテイン,、30g脂肪 (10g飽和脂肪)、 8g炭水化物 (3g食物繊維、 8g砂糖)、 19%カルシウム、 10%マグネシウム、 20%ビタミンA、 103%ビタミンC、 10%ビタミンB1。

30. メキシカンライスとビーンズサラダ

低脂肪でスパイシー、ラテンアメリカ風のメキシカンライスとビーンズサラダは、たくさん野菜がとれて腹持ちもよく、夕食に合います。工夫してミックスビーンを使うとカラフルな食卓になります。

材料 (2人分):
玄米　90g
ブラックビーンズサラダ缶詰　200g、水気を切る
熟したアボカド　1/2個、刻む
ワケギ　2本、刻む
レッドペッパー　1/2個　種を取って刻む
ライム汁　1/2個分
ケイジャンスパイスミックス　ティースプン（小さじ）1
小束のコリアンダー、刻む

準備時間：15分
調理時間：20分

作り方：
玄米は、パッケージの説明通りに調理します。水分を切り流水で洗い、熱をとります。ビーンズと、レッドペッパー、玉ねぎ、アボカドと一緒にまぜます。ライム汁と黒コショウとケイジャンスパイスをまぜて、ライスにかけて、コリアンダーと合わせます。

究極のバスケットボール選手を目指す

一人分の栄養価：326kcal、11g プロテイン、10g 脂肪 (2g 飽和脂肪)、44g 炭水化物 (6g 食物繊維、4g 砂糖)、10% 鉄分、15% マグネシウム、11% ビタミン B1、13% ビタミン B6。

31.　ヒヨコ豆とホウレン草のカレー

温かな食事は、楽しい夜を盛り上げます。豊富なビタミンAとプロテインの、この野菜メニューはナンと合わせてもいいでしょう。ナンは一枚140kcalですからカロリーが増えすぎないようにしましょう。

材料 (2人分):
ヒヨコ豆缶詰400g　1缶、水気を切る
チェリートマト200g
ベビーホウレン草　130g
カレーペースト　テーブルスプーン（大さじ）1
小玉ねぎ、1個、刻む
レモン汁

準備時間：5分
調理時間：15分

作り方：
テフロン加工のフライパンで、カレーペーストを温めます。飛び散ってきたら、玉ねぎを入れ2分しんなりするまで炒めます。トマトを加え、ソースが濃厚になるまで煮詰めます。
ヒヨコ豆を加え、味付けをしてしばらく煮ます。火を止め、ホウレン草を加え、フライパンの余熱でしんなりさせます。味付けをし、レモン汁をかけます。

一人分の栄養価：203kcal、9gプロテイン、4g脂肪、28g炭水化物 (6g食物繊維、5g砂糖)、1.5g塩, 25%鉄分、 29%マグネシウム、129%ビタミンA、61%ビタミンC、 58%ビタミンB6。

32. タイ野菜とココナツミルクのスープ

とてもおいしい野菜スープをかけた卵ヌードルは、香りが良く手軽にタイの味が楽しめます。濃厚なスープがお好みなら、味を見ながら野菜ストックを少なくしてもよいでしょう。

材料 (2 人分):
低脂肪ココナツミルク　200ml 缶
野菜ストック　500ml
卵ヌードル　90g
人参　1 本、マッチ棒の大きさに切る
白菜　1/4 個、スライス
もやし　75g
チェリートマト　3 個、半分に切る
小ワケギ　2 本、半分に切って縦にスライス
ライム汁　1/2 個分
赤のタイカレーペースト　ティースプン（小さじ）1 と 1/2
1 ティースプン（小さじ）ブラウンシュガー
1 ティースプン（小さじ）オリーブオイル
一握りのコリアンダー、ざっくり刻む

準備時間：15 分
調理時間：10 分

作り方：
中華鍋にオイルを熱して、カレーペーストを入れ 1 分香りが立つまで炒めます。野菜ストック、ブラウンシュガー、ココナツミルクを加え 3 分煮込みます。

ヌードル、人参、白菜を加え柔らかくなるまで煮込みます。もやしとトマトを加え、ライム汁で味を付け足します。ボウルに移して、コリアンダーとワケギをトッピングします。

栄養価：338kcal、10g プロテイン、14g 脂肪 (7g 飽和脂肪)、46g 炭水化物 (5g 食物繊維、12g 砂糖) 1.2g 塩、14% 鉄分、16% マグネシウム、10% ビタミン B3。

33.　スタッフドズッキーニ

ヘルシーな野菜の夕食は、お腹に優しいのがうれしいオーブン料理です。ズッキーニは松の実、サンドライドトマト、パルメザンチーズのミックスで味付けしました。オーブンに入れる前に、ズッキーニに、オリーブオイルではなく、少しのペストを塗ってもよいでしょう。

材料 (2 人分):
ズッキーニ　2 本、縦半分に切る
オリーブオイル　ティースプン（小さじ）2
ミックスサラダ　付け合わせ

具：
松の実　25g
ワケギ　3 本、細かくスライス
ニンニク　一片、つぶす
オイル漬けサンドライドトマト　3 個、油を切る
パルメザン　12g、細かくすりおろす
ドライ白パン粉　25g
タイムの葉　ティースプン（小さじ）1

準備時間：10 分
調理時間：35 分

作り方：
オーブンを 200C ファン/ガス 7 熱しておきます。ズッキーニを切り口を下にして、オーブン耐性皿に並べます。軽くオイル小さじ 1 を塗って 20 分焼きます。

具の材料の全部をボウルに入れてまぜ、黒コショウで味付けして、ズッキーニにのせ、残りのオリーブオイルをふりかけます。さらに 10-15 分、ズッキーニが柔らかくなって、トッピングが香ばしくカリッとするまで焼きます。熱いうちにミックスサラダと合わせて、いただきます。

一人分の栄養価：244kcal、10g プロテイン、17g 脂肪 (3 飽和脂肪)、14g 炭水化物 (3g 食物繊維、5g 砂糖)、56% ビタミン C、16% ビタミン B2、21% ビタミン B6。

34. フルーツサラダ

たっぷり詰まったビタミンCと、はちみつの甘さがおいしいフルーツサラダは、10分で作れます。シンプルなフルーツサラダは、フレッシュなミントで爽やかさが広がります。

材料（一人分）：
グレープフルーツ　1個、皮をむいて、白い内皮をカットする
アプリコット　2個、スライス
オレンジ　2個、皮をむいて、白い内皮をカットする
クリアはちみつ　ティースプン（小さじ）1

準備時間：5分
調理なし

作り方：
大きめのボウルにアプリコットを入れます。オレンジとグレープフルーツをボウルに一房ずつ分けて、ジュースごと入れます。はちみつとまぜて、いただきます。
一人分の栄養価：166kcal、4g プロテイン、36g 炭水化物 (8g 食物繊維、、28g 砂糖)、46% ビタミン A、184% ビタミン C、13% ビタミン B1。

35. デビルドマッシュルーム

スパイシーでヘルシーな食事と新鮮でパリッとしたサラダを楽しみましょう。倍量で作ると、さらに食物繊維とプロテインがとれますし、1枚150kcalの中くらいのバゲットスライスを合わせてもいいでしょう。

材料 (2人分s):
大きめのフラットマッシュルーム　8個
ニンニク　2片、つぶす
オリーブオイル　テーブルスプーン（大さじ）2
ウスターソース　テーブルスプーン（大さじ）2
全粒マスタード　テーブルスプーン（大さじ）2
パプリカ　ティースプン（小さじ）1
袋入りミックスリーフサラダ　140g、クレソンとレッドチャード

準備時間：10分
調理時間：15分

作り方：
オーブンを180Cファン/ガス6に熱します。大きめのボウルにマスタード、オイル、ニンニク、ウスターソースを入れ、フレッシュな砕いた黒コショウと塩で味付けします。マッシュルームを加えてまぜ、まんべんなく絡めます。オーブン耐性皿に、軸側を上にして並べ、パプリカをかけて8-10分焼きます。

サラダを 2 人分の皿に分け、マッシュルームを 4 つずつ 盛り付けます。焼き汁をかけて、熱いうちにいただきます。

一人分の栄養価： 102kcal、8g プロテイン、14g 脂肪 (2g 飽和脂肪)、8g 炭水化物 (4g 食物繊維)1g 塩、20% ビタミン B2、16% ビタミン B3。

36. スモークマスのビートルート添えとフェネルとリンゴのサラダ

繊細なスモークマスを、シャキッとしたリンゴとカラフルなビートルートが引き立てる、エキゾチックなサラダは、豪華な味の組み合わせです。マスは理想的な B12 と高品質のプロテインを含んでいます。

材料 (2 人分):
皮なしスモークマス切り身　140g
酢漬けベビービートルート　100g、水気を切って 1/4 に切る
ワケギ 4 本、スライス
緑のリンゴ　1 個、芯をくり抜き、1/4 に切ってスライス
小フェネル株元の白い部分　1/2 個、削って薄くスライス
小束ディルの葉、細かく刻む
低脂肪ヨーグルト　テーブルスプーン（大さじ）2
1 ティースプン（小さじ）ホースラディッシュ ソース

準備時間：10 分
調理なし

作り方：
フェネルを皿にのせ、、ビートルート、ワケギ、リンゴを散らします。マスを大きめに切ってのせ、半分のディルを散らします。

ヨーグルト、ホースラディッシュ、大さじ 1 の冷水をまぜてから、残りのディル も加えてまぜます。半分のドレッシング をサラダ にかけて軽くまぜ、残りのドレッシングを上にかけます。

一人分の栄養価：183kcal、19g プロテイン、5g 脂肪 (1g 飽和脂肪)、16g 炭水化物 (5g 食物繊維、16g 砂糖)、 1.6g 塩、12% 鉄分、11% ビタミン A、20% ビタミン C、20% ビタミン B1、17% ビタミン B2、20% ビタミン B3、100% ビタミン B12。

37. ロースト人参にザクロとヤギのチーズを添えて

栄養バランスのとれた万能なこのメニューは、甘みのある野菜と酸っぱいジュースのヘルシーな組み合わせが楽しい夕食のオプションです。たくさん作り置きする場合は、ザクロの種を別にとっておいて食べる直前に加えましょう。

材料 (2人分):
人参　375g
ザクロの種　40g
くずしたヤギのチーズ　50g
ヒヨコ豆缶詰　200g、水気を切る
オレンジの皮と汁　1/2個分、すりおろす
オリーブオイル　テーブルスプーン（大さじ）1
クミンシード　ティースプン（小さじ）1
小束ミント、刻む

準備時間：10分
調理時間：50分

作り方：
オーブンを170Cファン/ガス5に熱しておきます。ボウルに人参、半分のオリーブオイル、クミンシード、オレンジの皮と塩を軽く合わせます。大きめのベーキングシートに人参をのせ、柔らかくなって端が少し色づいてくるまで50分ローストします。ローストした人参にヒヨコ豆をまぜて、大皿にのせます。残りのオイルとオレンジジュースをかけます。

くずした ヤギのチーズを加え、ザクロの種とハーブを散らして、いただきます。

一人分の栄養価：285kcal、12ｇプロテイン、15g 脂肪 (6g 飽和脂肪)、30g 炭水化物 (6g 食物繊維、16g 砂糖)、15% カルシウム、12% 鉄分、14% マグネシウム、610% ビタミン A、28% ビタミン C、12% ビタミン B1、18% ビタミン B2、11% ビタミン B3、37% ビタミン B6。

38. レンズ豆と人参のオレンジスープ

オレンジジュースで作る楽しいスープは、1日に必要な量以上のビタミンCが含まれています。ヘルシーさと風味がよくマッチしたこのレシピはスパイシーな嬉しさです。濃厚すぎるようなら、水で薄めてもよいでしょう。

材料(2人分):
赤レンズ豆　75g
人参　225g、さいの目に切る
オレンジジュース　300ml
玉ねぎ　1個、刻む
野菜ストック　600ml
低脂肪ヨーグルト　テーブルスプーン（大さじ）2
クミンシード　ティースプン（小さじ）1
コリアンダーシード　ティースプン（小さじ）2
トッピング用の新鮮なコリアンダー　刻む

準備時間：15分
調理時間：35分

作り方：
クミンシードとコリアンダーシードをすり鉢ですり、軽く色づくまで、2分乾煎りします。レンズ豆、人参、玉ねぎ、オレンジジュース、野菜ストックを入れ、味付けをしひと煮たちさせます。蓋をして弱火で30分、レンズ豆が柔らかくなるまでコトコト煮込みます。
煮えたら、フードプロセッサーに移し、なめらかになるまでまぜます。鍋に移しかえて、中火で時々か

きまぜながら加熱します。味を見てボウルにつぎ、ヨーグルトを回し入れ、コリアンダーの葉を散らして、すぐにいただきます。

一人分の栄養価：184kcal、8g プロテイン、2g 脂肪、34g 炭水化物(4g 食物繊維)、1g 塩、340% ビタミン A、134% ビタミン C、16% ビタミン B1、11% ビタミン B3、13% ビタミン B6。

39.　野菜のレッドカレー

作るのに1時間かかるかもしれませんが、この香り高いタイ料理は、きっとあなたの味覚に刺激を与えることでしょう。栄養豊かでクリーミーな野菜カレー 単品でいただいてもいいのですが、炊いた玄米 175 kcal と合わせることもできます。

材料 (2人分):
マッシュルーム　70g、切る
スナップエンドウ　70g
ズッキーニ　1/2本、大きめに切る
ナス　1/2個、大きめに切る
固めの綿豆腐　100g、角切り
低脂肪ココナツミルク缶詰　200ml
レッドチリ1個、(1/2 細かく刻む、1/2 輪切りスライス)
レッドペッパー　1/4本、種を取ってざっくり刻む
醤油　テーブルスプーン（大さじ）2
ライム汁　1個分
オリーブオイル　テーブルスプーン（大さじ）1
バジルの葉　10g
ブラウンシュガー　ティースプン（小さじ）1/2

ペースト:
エシャロット　3本、ざっくり刻む
小さいレッドチリ　2個
レモングラス　1/2、ざっくり刻む
ニンニク　一片
コリアンダーの茎 10g
レッドペッパー　1/2個、種を取ってざっくり刻む

ライムの皮　1/2 個分
ショウガ　ティースプン（小さじ）1/4　すりおろす
すりつぶしたコリアンダー　ティースプン（小さじ）1/2
フレッシュにすりつぶしたコショウ　ティースプン（小さじ）1/2

準備時間：30 分
調理時間：20 分

作り方：
豆腐を半分のライム汁、醤油大さじ 1、刻んだチリでマリネします。
ペーストの材料をフードプロセッサーに入れます。鍋に半分のオイルを温め、大さじ 2 のペーストを 2 分炒めて香りを出します。ココナツミルクと水 50ml を加えてまぜ、ナス、ズッキーニ、レッドペッパーも入れ、大体柔らかくなるまで加熱します。
豆腐を軽くたたいて水分を取り、小さいフライパンに残りのオイルでキツネ色になるまで焼きます。
鍋にマッシュルーム、スナップエンドウ、ほとんどのバジルを加え、砂糖、残りのライムジュース、醤油で味付けをします。マッシュルームが柔らかくなるまで、加熱し、豆腐を入れ火をしっかり通します。
バジルとスライスしたチリを散らして、いただきます。

一人分の栄養価：233kcal、8g プロテイン、18g 脂肪 (10g 飽和脂肪)、11g 炭水化物 (3g 食物繊維、7g 砂糖)、3g 塩、13% カ

ルシウム、12% 鉄分、14% マグネシウム、11% ビタミン A、65% ビタミン C、15% ビタミン B1、21% ビタミン B2、12% ビタミン B3、22% ビタミン B6。

40.　マッシュルームピラフのレモン添え

低脂肪マッシュルームピラフは、リゾットより軽いメニューで、ひと握りのグリーンピースを加えると、さらにカラフルになります。好みでチャイブをワケギに代えてもいいでしょう。

材料 (2 人分):
玄米　100g
マッシュルーム　150g、スライス
野菜ストック　250ml
小玉ねぎ　1 個、スライス
ニンニク　一片、つぶす
ガーリックハーブ味のライトソフトチーズ　テーブルスプーン（大さじ）3
レモンの皮と汁　1/2 個分
小束チャイブ、刻む

準備時間：10 分
調理時間：30 分

作り方：
テフロン加工のフライパンに玉ねぎを入れ、大さじ数杯の野菜ストックを加え、柔らかくなるまで約 5 分加熱します。ニンニクとマッシュルームを入れさらに 2 分加熱します。まぜながら、玄米とレモンの皮と汁を入れます。残りの野菜ストックを入れ味付けをし一度沸騰させます。火を弱めフライパンにふたをしてコトコトと 30 分 玄米が柔らかくなるまで

煮込みます。チャイブとソフトチーズ各半分ずつを入れてまぜます。2 枚の皿に分けて、残りのチャイブとソフトチーズをトッピングします。

一人分の栄養価： 249kcal、12g プロテイン、 4g 脂肪 (2g 飽和脂肪)、44g 炭水化物、2g 食物繊維、4g 砂糖)、 11% ビタミン A、23% ビタミン B2。

第3章：アスリートは、瞑想からどのような恩恵を受けることができますか？

瞑想は、アスリートの持つそれぞれ異なった理由、ストレス、不安、集中力、緊張などのために利用することができます。アスリートは、より高いレベルのパフォーマンスに高めたい時、瞑想によって重要な回復の早さという恩恵をうけるでしょう。トレーニングセッションは、向上した集中力のレベルと、筋肉疲労の減少によりいっそう集中したものになりクオリティの高いものになるでしょう。多くのアスリートが試合前や試合中に起こりうる、極度の緊張の減少を実感し、そのことがより良く、いっそう自信を持って競技をすることができるのです。

定期的に練習し始めてすぐに、プレッシャーや予想外の状態に陥っても、集中して焦点を合わせるべき能力を増大させたことに気づくでしょう。焦点を合わせ増加した能力は、あなたをさらにより高いレベルのパフォーマンスに導くでしょう。

心臓病のリスクを持っているアスリートは、際立って瞑想から恩恵を受けることができます。医者は今、生活を変えている人々には良識である瞑想を勧め、少ない薬物療法を処方しています。ただアスリートが、毎日のようにさらされるストレスの量を減らすことによって、血圧レベルを減らして、もっと多くのトレーニングをこなすことが可能になることによって、競争力は向上するでしょう。アスリートたちが、、瞑想によるストレスのコントロールが、一般に話題にならないのですが、最高のパフォーマンスへの到達から遠ざかってし

まう重要な原因である、食事にも影響することに気づきました。
アスリートは、ストレスを減らし、直接的な恩恵として心臓病のリスクを下げる瞑想セッションを繰り返した後で、生活についてもよりコントロールができていることに気づいています。
適切なプランがなかったり、あっても自制できなかったり不適切な習慣で食生活が続かないなどで、減量はよくある問題です。
食べ過ぎがストレスからくるものであるなら、**瞑想は実際に体重減に役立つことができます。**

悪習慣を断ち切ろうとしているアスリートは、これまでのやり方を変え新しい道を進むこと、難しく感じるでしょう。
たばこ、アルコール、極度の緊張、怒りなどネガティブな習性は、瞑想を通して、欲求を減らすことができるように、コントロールできるのです。
ゆっくりと落ち着いて、悪習慣がストレスと怒りからきたもので、悪習に打ち勝つことに焦点をあてるために、呼吸テクニックを行います。瞑想は、はっきりと感じられなくても、適切でパワフルなテクニックになります。

最初の２つのパターンの最大原因であるように、**うつや不安で苦しむアスリート**が同じく、ストレスで苦しみます。マイナスの健康状態は、定期的な瞑想によって劇的に改善することができます。
瞑想を練習していると、気分のコントロールが楽になったことに気づき、通常、将来をもっとポジティブに感じるようになります。
栄養の改善と瞑想を通して、現在の可能性を最大にすることに時間をかけると、多くのアスリートが結果や、現在に無関係な過去の失敗した結果のことを多く心配します。

あなたの目標が、より良く思考と感情をコントロールすることであれば、瞑想はあなたを落ち着かせて、多大な努力が必要な状況下でも、圧倒されないような強さをもたらすのです。

究極のバスケットボール選手を目指す

第4章：バスケットボールのためのベストな瞑想

マインドフルネス

マインドフルネスでは、アスリートが、心にある今現在持っているそれぞれの考えで、現時点を保つことを心がけてください。

このタイプの瞑想は、あなたの呼吸パターンに気づくことが目標ですが、呼吸の練習を通して変えようとするものではありません。これは、あなたの呼吸パターンを変えるような、他の瞑想の積極的なフォームとは異なり、受動的な形の瞑想です。

マインドフルネスは、世界中で最もよくあるタイプの瞑想の１つで、すべてのアスリートにとって大変役立つものです。

集中する瞑想

瞑想をしているアスリートは、思考を、集中して解決したい特定の問題、感情や目標に向けています。

あなたの心から、気を紛らわす邪魔な物事をすべて取り払い、ただ一つの音、目標、思考に集中することに時間をかけることから始めてください。

あなたが達成したい目標に、集中力を再び向けることができる精神状態で、できる限り長い間集中してみてください。

他の目標や考えに取り組むことにしたくなるのは、あなたの自由ですし、または最初の音、目標や考えに同じように集中を持続することもできます。

動きの瞑想

動きの瞑想も、あなたに試してほしいもう１つの瞑想のフォームです。これはあなたが、流れるような手の動きのパターンを繰り返しながら、肺に空気が入って出ていく動きの呼吸パターンに、集中する瞑想のタイプです。目が閉じながら行うので、動きながら始めのうちは、心地悪く感じるかもしれません。でもそのうち、実はとてもリラックスすることに気づき、全身の健康の改善に効果があるでしょう。

心と体の関係が、このタイプの瞑想で最大限に活かせるようになるでしょう。特にじっとしている苦手で、体の自然な流れに、動き回ることが好きな人にはとても合う瞑想です。この動きはゆっくり行い、繰り返しましょう。コントロールできるようになると、さらに良いです。動きを早くしたり、激しくしたりすると、瞑想の効果がなくなってしまいますので、気をつけましょう。

よく、ヨガをする人はこのような瞑想が、ヨガの呼吸と動きに似ていると賞賛し、素晴らしいこと気づきます。あなた自身と思考のコントロールを両方を向上します。ヨガの経験がなく、すでに動きの瞑想をした人は、ヨガベースの運動でのウォーミングアップをすると、動きの瞑想に早く慣れるのでしょう。目標はより早く瞑想状態に入ることなのです。そしてヨガの自然な方法で確実に可能になります。ヨガは、柔軟性を向上して、筋力を発達させることに、よりフォーカスしていますが、動きの瞑想は、もっと精神状態とゆっくりとした呼吸パターンに向けられています。

マントラ瞑想

マントラの瞑想は、瞑想の効果を最大にするために、思考に集中するのに役立ち、心をクリアするでしょう。

マントラの瞑想中の瞑想プロセスで、繰り返しマントラを口にすることになります。

マントラは音、フレーズ、あるいは繰り返される祈りです。ここでは、宗教的な瞑想に焦点を合わせていないのですが、マインドフルネス、集中する瞑想、動きの瞑想、マントラの瞑想に加えられる、もう１つの瞑想のタイプです。

人はそれぞれ独特で、違います。目標を達成するために、ただ１つの瞑想タイプを使う必要はありません。瞑想のフォームの１つか、それ以上を、順番を変えて行うことができます。

究極のバスケットボール選手を目指す

第 5 章: 瞑想の準備

どのタイプの瞑想をするか決めたら、瞑想する準備をしましょう。
準備の不手際によって、瞑想のプロセスを、急いだりすることのないようにしてください。全体を通しての効果は確実に減り、よい結果の可能性も先細りするでしょう。

器材：瞑想する場所に敷く、マット、毛布、タオル。または、椅子。ある人は、旅行や外出先でも役立つタオル、座ったり仰向けに横になれる、マットを使うことを選びます。また、他にはリラックスしすぎて眠ってしまわないように、安定した椅子に座ることを好む人もいます。
私は、集中してなおかつ、リラックスできる場所に、ヨガマットを敷いて座るのが好きです。時々瞑想が続けてできるように、マットの上で、ヨガや一定のストレッチングでウォーミングアップします。ですが旅行中は、ただ厚いタオルを使います。
快適な状態であるということは、正しい心理状態に入るためにとても重要です。適切な準備と器具で始められるように、確認してください。
時間: 前もってどのくらいの時間瞑想をするか決めましょう。あらかじめ、どれぐらいの時間、どんな目標で瞑想するのか、確認しましょう。
シンプルに、ポジティブでいることや呼吸に集中して、約５分から１５分の短いセッションから始めてみましょう。
ですが、もし解決したい問題に集中することにしたら、呼吸パターンを通して、最初にリラックスする十分な時間をとってから、次に身近な問題に対する別の解決に、考えを集中し始めるかもしれません。
これは１０分から１時間まで、あるいはもっと長く、あなたの瞑想経験のレベルによって違ってきます。また問題に直面

するのに、十分集中できる、リラックスした心理状態に入るのに、どのくらい時間がかかるかによっても違ってきます。
どのくらいの時間、同じ場所で、終わりまで妨害なく瞑想を続けられるか、あらかじめ考えておきましょう。例えば、空腹、部屋に入って来る子供たち、バスルームひびなど。
あらかじめ可能な限り、気の散る邪魔な物事を避けるようにしてください。

場所: 瞑想のためのクリーンで静かで快適な場所

邪魔の入らない、完全にリラックスして、あなたの心をクリアすることができる場所を見つけてください。
快適でリラックスした心理状態なれる所なら、どこでもかまいません。
それは、公園の芝生の上、あなたの部屋やバスルーム、静かな部屋、車の中でもいいのです。完全にあなた次第です。
仕事場の近くや、携帯電話が鳴り振動し続ける所は避けましょう。
携帯電話を消してください！
絶え間なく気を散らす邪魔な物、今日気を散らし妨害する主な原因である携帯電話を持っていては、瞑想から必要な効果を得ることは不可能です。
あなたが選ぶ場所は共通に、静かで、きれいで、涼しい室温（暖かすぎると眠くなりますし、寒すぎるとかえって動いて温まろうとしてしまいます）であるのがよいでしょう。気を散らす邪魔な物は一切排除しましょう。

準備: 瞑想のための体の準備

瞑想する前に、体がリラックスしていて、用意ができているか確認しましょう。シャワーを浴びたり、ストレッチをしたり、快適な服を着るなどでもいいでしょう。
空腹や満腹感のないように、始める少なくとも３０分前に何か食べておきましょう。脂肪が少ない食事は、適切な体の準備に理想的でしょう。
次の章で栄養の重要性に関して詳しく触れます。

ウォームアップ: 前もってヨガをやストレッチしてリラックスしましょう。

ヨガをしたことがある人は、どれほどリラックスできるかご存知のはずです。ヨガをしたことがない人は、リラックスして落ち着くのにとても役立つので、始めるのによい機会でしょう。瞑想する前のヨガは必要ではないのですが、適切な心理状態になるということが、効果を最大にしてリラックスさせるのを促進します。

ストレッチは、別のよい方法です。ストレッチは、呼吸運動と組み合わせると、落ち着いて楽な気持ちになります。

メンタリティー: 深い呼吸で心を落ち着かせましょう

呼吸は手軽ですなのですが、呼吸の練習には時間が必要です。

呼吸テクニックを練習をする利点は多いです。

多くのアスリートが、極度に集中した瞬間の後に、速く回復しているのを実感するでしょう。

同じように、息を切らしているときでさえ、集中した状態が継続できることにも気づくはずです。

アスリートは、呼吸することを学ぶ必要があります！

アスリートは、肺の中に入って出ていく空気に集中する必要があります。体が、どう広がって縮むのか、注目をしてください。

鼻と口の中に出入りする空気の動きを聞くことと、感じることは、よりいっそうリラックスするのに役立ちますし、呼吸することに集中するために適しています。

毎回、息を吸い込んで吐き出す度に、もっともっと深いリラックス状態に入っていくことに集中してみましょう。

酸素が肺を満たす時はいつも、あなたの体はいっそうエネルギーと、ポジティブな感情に満ちているように感じるでしょう。

環境: 気が散らなければ、リラックスして瞑想にふける音楽をかけましょう。

瞑想音楽を聴くと、リラックスした状態に入りやすいのでしたら、ぜひ瞑想セッションに加えてください。さらに集中でき、リラックスできるすべての物を、音楽を含めて、使いましょう。サウンドや音楽がない方が、クリアで落ち着くのでしたら、音楽は使わないでください。私は普通、音楽は聴きません。ある音楽は、別の考えやアイデアを思い出させてしまい、いつもそのことを考えたい訳ではないのです。それはただ私の場合に過ぎません。あなたには、音楽が合っているかもしれません。両方試してみてどちらがいいか選んでください。アスリートの中には、試合前にリラックスさせたり、高揚した気分になるように、音楽を聞くことが好きな人もいます。あなたに効果があるものを探して、それを根気よく続けてください。

瞑想の姿勢

瞑想の姿勢についてですが、それは基本的にあなた次第です。間違っていたり、正しい姿勢はありません。ただ、一番集中できる姿勢であるかというだけです。腰や背中サポートのために、椅子に座るのがいいという人もいますし、地面に近いほうが安定して、タオルの上に座る人もいるでしょう。あまり柔軟でない人で、長時間の胡座の姿勢が難しい場合は、避けるか、試すのを先延ばしにします。
同じ姿勢で、瞑想する予定の時間を保てるか、でなければ他の姿勢を選んでください。

座位の姿勢
座った姿勢は、心地悪かったり、リラックスしすぎて眠ってしまわないよう、集中できる椅子を探してください。座った時に背中がまっすぐで、背中痛で瞑想セッション中止したくならないよう、きちんと足が床につくことを、確認してください。ある人は、柔らかいクッションを使うと、快適なようです。

床にひざをつく
床にひざをつきたい時は、靴と靴下を脱いでください。
後ろにつま先を向けて、直接かかとの上にお尻をのせて、柔らかいマットやたたんだタオルの上にひざ

をついてください。背中は、肺がしっかり呼吸できるよう、まっすぐリラックスします。あなたは呼吸によって強い関係を作れるように、スムーズに空気が肺の中に入り出ていく動作を行ないます。

ビルマの姿勢

ビルマの姿勢は、蝶の姿勢に似ていますが、足の位置が違います。床の上に座って脚を開き、胡座をかきます。片方の足を、もう片方の足の前に置きます。この姿勢の時、できるだけ低くひざを下げてキープしてください。もしそれが心地悪いようでしたら、他の姿勢を選んでください。手は横に置くか、組んで、指を交差します。

背中はまっすぐにして、おでこを前へ少し傾けて、完全に空気を吸吐き出せるようにします。

これは高い水準の瞑想の姿勢です。もし、完全にリラックスできないようであれば、この姿勢から始める必要はありません。

蓮華の姿勢

蓮華の姿勢は、ビルマの姿勢にとても似ていますが、少し違いがあります。ビルマの姿勢をして、太腿の上に足を持ってきます。手は横に置くか、組んで、指を交差します。

私のひざは、この姿勢で心地悪いので、私の瞑想セッションには使いません。ですが、あなたは痛みを起こさないようでしたら、自由に試してみてくださ

い。呼吸と静けさに集中する目標から、注意を逸らすような痛みは、感じたくないものです。もしこの姿勢が、好きではないなら、他の姿勢を選んでください。

横になる姿勢
マットやタオル、毛布の上に横になって、足と手をリラックスさせてください。手は横に置き、足先は上かに外側を向きます。手はそっと静かにお腹の上に置くか、体の横に置きます。顔は、天井か空に向いています。もし頭が片方に傾むいてしまうようでしたら、長時間集中することが難しく、しまいには首が凝ってしまうかもしれません。あなたが眠ってしまわない限り、正しくできるのであれば、素晴らしい瞑想姿勢です。もしどうしても寝てしまうようでしたら、他の姿勢を選んでください。

蝶の姿勢
この姿勢では、マットやタオルの上に座って、脚を開き、それぞれの足の裏を合わせてくっつけます。ひざは上の方に広がるかもしれませんし、床まで下げることができるかもしれません。快適に感じて、その姿勢でリラックスできれば、ひざの位置は重要ではありません。背筋がまっすぐで、バランスがとれていることを確認してください。

究極のバスケットボール選手を目指す

第６章:バスケットボールの成果を最大限にする瞑想

瞑想であなたの可能性を、最大限にすることは、考えや問題に集中して、問題を解決するために必要な時間と、同じぐらい長く、または目標を理解するまで集中し続ける、あなたの能力によるでしょう。これは、達成するために必要な将来の課題のために、自信と自己信念を与えるでしょう。あなたが瞑想して、最大の結果の達成を望むなら、毎回、正確なステップを進んでください。もしステップを変えたり、無視してしまうと、瞑想セッションの結果を変えることになってしまいます。

ステップ:
1: 邪魔が入らない静かな場所を確保します。

2: 瞑想する所に、マット、タオル、毛布または椅子を置きます。

3: 瞑想の３０分前に、軽く食事かスナック食べます。

4: 瞑想セッション全体通して、快適な姿勢を選択してください。前章で説明した、椅子の上に座ること、マットで横たわること、ビルマの姿勢、蓮華や蝶姿勢、マットにひざをつく、あるいは他の快適な瞑想姿勢などです。

5: あなたの呼吸パターンを始めてください。静かにリラックスしたければ、息を吸うよりたくさん吐きましょう。（マインドフルネスの瞑想を除きます。この瞑想では呼吸はコントロールしません。肺に空気が入って出るのを感じるだけです。）例えば、４秒で呼吸して、そして次に６秒間息を吐き出

してください。リラックスしているか、ただ目を覚ました時、活性化のために、あらかじめ割合を決めておいて、息を吐くより、多くの空気を吸い込みます。例えば、5秒吸い込み、3秒吐き出します。あなたの呼吸が心を落ち着かせ、静かな状態でベストな瞑想ができるように、少なくとも4回から6回は、呼吸を繰り返す必要があることを覚えていてください。すべての呼吸パターンで、鼻から空気を吸い、口から吐きます。呼吸に集中しないため、鼻だけで呼吸をする、マインドフルネスの瞑想を除きます。

6: 呼吸パターンの章で説明された方法で、呼吸パターンをやり終えたら、あなたは何を得て、達成したいのかということに焦点を当てましょう。または、シンプルに心の中に思い描きましょう。できるだけ長い間、これに集中してください。長いセッションの後は、瞑想が終わっても、集中レベルの持続が長続きする傾向があり、短いセッションの方は、持続時間も短い結果が出ています。すべてのアスリートはパフォーマンスを発揮する時、（特にプレッシャーを受けている時）、集中力をキープし、この集中力を長い間失わないでいることができると、競争相手をを凌ぐことができます。**これが、チャンピオンとその他の差です！**

7: この考えは、現実のシチュエーションで、今心の中にある短い、または長い精神のムービークリップを、最初の心の中の願望を最終的な目標まで達成に役立つよう発展させるするべきです。可能な限り具体的に、そのプロセスでリラックスした状態でいてください。この7番目のステップは、プロセスに可覚化することを加えますが、役立つことですので、差し障りはありません。でも単純にしておきたいのなら、必要です。

8: アスリートは、瞑想を終える時の呼吸を、始めた時と同じようにする必要があります。試合が同じ日になければ、下ある例のような遅い呼吸パターンを使うことができます：

通常のゆっくりした呼吸パターン：始めにゆっくりと、鼻からを空気を吸い、そして５まで数えます。そして、ゆっくりと口から吐きながら、５から１まで数えます。完全にリラックスして瞑想する準備ができるように感じるまで、４回から１０回繰り返しましょう。この呼吸パターンでアスリートは、鼻から息を吸って、口から吐くことに集中しましょう。

もし同じ日に試合があって、心と体をエネルギッシュにしたいのなら、下にあるような、速い呼吸パターンをで瞑想を終えます：

通常の速い呼吸パターン：始めにゆっくりと、鼻からを空気を吸い、そして５まで数えます。そして、ゆっくりと口から吐きながら、３から１まで数えます。完全にリラックスしてエネルギッシュになるまで、６回から１０回繰り返します。この呼吸パターンでは、アスリートは、鼻から息を吸って、口から吐くことに集中しましょう。

第7章: バスケットボールの成果を高めるための、可視化テクニック

可視化テクニックの主な３つのタイプ:

多くのタイプの可視化・ビジュアライゼーションがあります。
３つの主なタイプが、モチベーションの可視化、問題解決の可視化、目標志向の可視化です。すべての分野のアスリートが、一般的に、時々正しい理解をしないで可視化を使います。ある人たちは、目が覚めている間、白昼夢として行い、またある人たちは、夢の中で起こるので、結果コントロールをしないままになっていることもあります。

可視化をしている時、あなたは心で見ているすべてをコントロールし、そして好きなように始まりと終わりを、デザインできるのです。現実ではいつも計画通りとはいかないのですから、クリエイティブであることは役に立ちます。しかし、メンタル面と感情が、すべてのあり得る結果に備えておくことによって、パフォーマンスを発揮する時、とても楽になります。最高潮のパフォーマンス、とはあなたが「ゾーン」にいる間、ベストでいることを指します。可視化を通して、心を準備をすると、最高潮のパフォーマンスを発揮することはより楽になります。

なぜ可視化でモチベーションを上げるのか？

中には、プレッシャーを受けると、見ている観客などの目に怯え自信をなくし、するべきことを見失って、モチベーションをなくしてしまう人もいます。可視化を通して、モチベーションを高め、あなたの心で実感したい思いのように、うまく力を発揮できるように持っていくのです。恐れ、不安、極度の緊張、試合でのプレッシャーを切り抜けさせる、脳の可能性を解き放つのです。

問題解決の可視化とは何か？

問題解決の可視化は、よくあるメンタルトレーニングで、すべての可視化テクニックの中でも、最も有効的です。

よく、アスリートが、同じ結果のためだけに、同じミスを繰り返してしまうことがあります。状況を分析し、可能な問題解決を模索する時間が必要なのです。可視化をする時間をつくり、特定の問題を解決する必要があれば、上手にその時間を有効に使います。

日中、精神的にも視覚的にも、あまりに邪魔が多く集中できないでいると、問題解決のスピードを減退してしまいます。これは、あなたが、やめられない習慣も含まれます。同じように、一番大切な時にやってしまう最悪なことだったりします。冷静であるべきなのに、怒りを爆発させてしまったり、感情的になりすぎたり。アスリートを取り巻く状況はさまざまで、どう対処したらいいのかがわからないために、成功が遅れたり実現できなかったりしてしまうのです。

ステップ１　問題解決と可視化の時間を作ります。

ステップ２　問題解決は、何が問題で、どうあなたに影響するかを明らかにすることです。

ステップ３　正しい方向や、問題を排除することができるような別の解決法を探します。ある時は、似たようなの状況

にいた人に、どう問題に対処したか聞いてみて、解決法があなたの選択として合うか、判断してください。

ステップ４　どうやって物理的に解決するか、できる限りはっきりと現実的に可視化します。

ステップ５　精神的に、うまくいかず別の解決法も見つからなかったら、訂正をします。単純に、現実では解決をして、うまくいかないならもっと良い解決法を見つけるために、また可視化することに戻るということです。これは可視化テクニックというより、むしろ「試行錯誤」法です。しかし、可視化と組み合わせることによって、実用的な手段として使うことができます。

目標志向の可視化とは？

目標志向の可視化とは、可視化する時に、特定の目標を達成することに焦点を当て、脳内で作るメンタルイメージとビデオです。これは、コンテストに勝つこと、記録を向上すること、１日何時間も多くトレーニングすること、食事にタンパク質「Ｘ」量を追加すること、それほど疲れないこと、などがあてはまるかもしれません。（これらは結果ベースのゴール、またはパフォーマンスベースのゴールです。アスリートとして、両方とも、可視化セッションと未来の発展のために重要です。）

これはあなたの身体のため、訓練することです。すべて努力の終わりに、よい結果を得るために。可視化を使うことは、競技のために準備するという、最後、一番重要な役割を果たすことで、トレーニングを完了します。最も大事なときに、最高の状態でパフォーマンスできるように、心と体を準備し

ます。栄養とトレーニングで、体の準備します。瞑想、呼吸パターンと可視化があなたの脳を準備します。両方の組み合わせは、あなたに大切な、試合での優勢を最大限にするでしょう。

第8章: 可視化テクニック: モチベーションの可視化

インスピレーションを受ける
可視化を通して、あなた自身の成功を見ることによって、触発されることは、人生を創り出す上で、重要なイメージの経験と素晴らしい効果をもたらします。触発されることを学び、自分の人生で可能であると信じてください。アスリートの多くは、十分に大きな夢を持たず、自分自身に制限をかけてしまいます。少しの計画と鍛錬で、どんなに困難に思えても、多くのことが可能です。

モチベーションの可視化とは?
モチベーションの可視化は、あなたが自信をもって明るく、成功しているメンタルイメージです。増幅されたポジティブな自己イメージを通して、触発することはパワフルで、生活の他の部分も波及効果を生み出します。

可視化する時、あなた自身ゴールに達していると、想像してください。モチベーションの可視化の、準備のための質問です:

- どんなユニフォームや服装を選びますか?
- 世界中の自信があなたにあったら、試合前にどんな風に歩きますか?
- ベストな試合の環境はどんなものですか?
- 試合に勝つ時、どんな表情をしますか?
- あと5キロ痩せて、引き締まって、速く、瞬発力が上がったらどう見えますか?
- 自信があったらどう見えますか?
- 試合に勝ったり、目標を達成したらどうしますか?

目標を達成したのを見ることによって、そのためのできる限りの努力をすることになるので、願望に届くように発展しようとしています。目標に達する強い意志を持つことは、チャンスを引き上げるやり遂げるパワーになり、精神的な勝利が本当の勝利を可能にすることでしょう。モチベーションの可視化は、結果的に全体の運動競技生活を向上させる、私生活の他の目標に使うこともできます。特に悪習慣を断ち切ろうとしているのなら、例えば、喫煙、アルコール、コントロールできない怒りや不安、食べ過ぎ、パーティー、ギャンブルなどです。

第９章: 可視化テクニック：問題解決の可視化

可視化は適切に行い、ベストな問題解決テクニックに向けられるべきです。そのため、何が一番効率的か決めることは、重要なステップです。アスリートがどう問題に取り組んでいるか、みてみましょう。

アスリートはどう問題に取り組んでいるか？

アスリートが、問題に取り組んで、解決しようと試行する多くの方法があります。「試行」はキーワードです。
これらは、アスリートがどのように問題解決に取り組んだのか、よく見られた例です：

怒りの解決

問題があると、腹を立てイライラし、ネガティブな感情によって、打ちのめされて、脳がもうほとんど対処できないという時点までに至ってしまいます。
怒りは正常で、そして普通の感情的な反応ですが、必ずしもポジティブな結果につながる解決策にはなりません。
問題を解決を試みるとき、取り組む必要がある現実の問題に、集中するできるように、感情をとりあえず置いておく必要があります。怒りをコントロールすることは、時に難しく、克服に時間を要しますが、可視化、瞑想、ヨガのような具体的な活動を始めるのは、素晴らしい方法です。

「非難ゲーム」の解決

自分のミスや、わざと起こした問題を、他の人のせいにするアスリートは、自分で責任を負いません。自分の失敗や問題を他人のせいにすることは、成功しないことの正当化ですか

ら、楽な方法です。しかしそれでは、まったく問題を解決しません。他にも、気候の変化と環境が、すべての競争相手に影響を与えるにもかかわらず、器材や環境のせいにする人もいます。器材の誤動作に責任を負わせることは、適切な準備が簡単に問題を解決につながりますから、焦点を当てることではありません。それに、器材の欠陥はまったくないこともあるわけですから、自分以外の何かに責任を負わせる方法に過ぎません。そのようなことに責任をとることは難しいのですが、本当の解決に進む、最も建設的な方法です。

「泣き言」の解決

泣き言と不平を言うことは、あなたの声が他の人に聞いてもらえているような気がしますが、問題解決のステップを踏んでいませんから、状況を修復することに対して、失敗の避けられない結果を遅らせるだけです。泣き言を言うことは子供の時に、欲しいものが手に入らなくて始まります。最悪なのは、正確に問題を解決することができないから不平を言っていることです。

ネガティブなパフォーマンスに対処することを学ぶことは、精神的なタフさを身につけるときの主軸であるべきです。
精神的にタフになることは、これまでに成功への楽な道を選んできている限り、起きません。通常、ネガティブな結果と失敗に屈服しないことから、得られるものなのです。

「諦める」解決

成功する努力をすることと、諦めることは基本的にアスリートがする選択ではありません。しかし、もっと良い選択があるわけですから、誇りに思うものではありません。脳のトレーニングで、諦める代わりに、成功するため選択肢を見いだすことは、良い方法で効果的でしょう。

「常習犯」の解決

常習犯とは、異なった結果を予想して、繰り返し同じミスをし続けるアスリートです。私たちは、すべてこの精神の誤りの被害者でした。しかしこの過失を認めて、結果での本当の変化を望む人のために、ターニングポイントになります。
問題解決を変えることは、的確な方向ではないかもしれませんが、すでに向上しているのです。しかしそれは異なった方針で、変わろうとするチャンスを与えるでしょう。

「試行錯誤」の解決

「試行錯誤」の解決は、単純に問題への新しいアプローチを試みることと、問題解決であるかどうか見極めることです。結果として、最終的に正しい解決策かもしれないのですが、思っていたより時間がかかってしまうことがあります。
これは前に述べた解決よりずっと良いアプローチです。しかし明白な原因と状態を、あなたの選択から分けることで、もっとよい選択を学ぶことができます。それは次に続きます。

「ベストな確率」の解決

問題を解決するとき、別の選択と解決できる選択があることわかっています。でも、どれが有効で、可視化する価値があるのかをしることは大変役に立ちます。
見込みのある確率を使うことは、心で解決しようとしていることを数量化する効果があります。
例えば、もしあなたが毎回ウォーミングアップ時に、なぜだかわからないけれど、イライラし始めるとします。
結局、ウォームアップが終わった途端にイライラが消え失せます。そして清々しく感じます。今、実際のパフォーマンスの可視化に焦点をあてることは、問題の１０％以下で、ウォームアップが、本当はあなたの問題の９０％であることを知っています。精神的にパフォーマンスに取り組むことができますが、ウォームアップの問題を解決することに気づくこと

は、問題の９０％を占めますから、貴重な結果をもたらすでしょう。そして全体的なパフォーマンスの９０％も向上するでしょう

もう１つの例として、プレッシャーのある状況にいる時いつも、動けなくなって、成果を上げられないと言う場合です。その重要な瞬間は過去の実績に基づいて、結果の１００％を占めます。それが一番変化させて達成したいことでしょうから、可視化セッションの１００％を、その重要な瞬間に対する解決を見極めることにに集中させるべきです。それが最も生産的な時間の使い方です。
何が一番重要かに集中することは、大きな変化で、集中することを学んでください。解決した結果が本当の向上に結びつかないような、とるに足らない問題に関してではなく、最もあなたに効果がある可視化を指揮してください。

第１０章: 可視化テクニック：目標志向の可視化

パフォーパンス目標 vs 結果目標

目標志向の可視化を始める前に、可視化によって何を達成したいのか、どの方法が最適なのか明確にイメージをする必要があります。

パフォーマンス基準の目標とは？
パフォーマンス基準の目標は、成功するために必要なことを知ってそれをすることで達成できるシンプルなゴールです。これらは身体的であったり、精神的なものです。
パフォーマンスを発揮している間に、競争相手や家族、友人たちを見ないことは、パフォーマン目標の素晴らしい例です。
もし、試合の後で目標をに届き、あなたが始めたことから達成してできるのなら、結果基準の目標にも近づいているはずです。

もう１つのパフォーマンス目標の例が、落ち着いた状態でいることに焦点をあて、試合の間に呼吸することです。
終わりにこの目標に達することは、あなたの目的でしょう。目標を達成することは、成功と可能性の実感に近づくのに役立ちます。シンプルで、簡単で、あなたが１００％コントロールするできるのです。最初のうちできなくても、頑張り続ければ最終的に達成することができることがわかっているはずです。そして新しくさらに難しいか、別のパフォーマンスの目標を立てることができます。

アスリートができるパフォーマンス基準の目標の例：

- 毎日腕立て伏せを一回増やす
- 毎日１０分間ストレッチ
- プレッシャーの中で深呼吸
- 目下の課題に集中して、周りに気をとられないようにする
- 期待はずれのパフォーマンスでも冷静でいる
- 困難な状況で硬直しても、エネルギッシュでいる

自分のパフォーマンス基準の目標を作って、成し遂げられるだけさらに難しくしていく。

結果基準の目標とは？

結果基準の目標は、そこに着くプロセスではなく、最終結果に焦点を当てた、あなた自身のために作るゴールです。結果基準の目標の例としては、**勝つこと、試合の決勝戦に到達すること、「x」キロのウエイトを持ち上げる、ベストタイムを更新する、１位になる**などです。アスリートがそれぞれ異なった目標を持っていて、そしてまだ同じ目標に到達することができます。

アスリートができる**パフォーマンス基準の目標**の例：
- 今年中に５つのチャンピオンシップで勝つ。
- 世界新記録を出す。
- 国で１番になる。
- １位のメダルかトロフィーを勝ち取る。
- チームで決勝トーナメント１位になる。
- 今で以上に高くジャンプする。
- 一番速いタイムで走る。
- 一番遠い距離を泳ぐ。
- 誰よりも早くゴールに着く。

結果基準の目標は、一貫して 準備し、徐々にパフォパンスゴールを上げることで、結果が出ます。

可視化するとき、あなたの成功が、パフォーマンスと結果の両方のゴールに到達しているのを、イメージする必要があります。数日ごとに、それぞれに焦点を合わせるのを交互に行なうか、または最初のうちは、パフォーマンス基準の目標に向かって、根気よく続けてもよいでしょう。そのうち楽に到達しているように感じてきたら、結果基準の目標に移ることができます。

目標設定は前進することへの鍵で、到達するための努力の明確なイメージを持てるように、少なくとも週に１回は可視化しましょう。それは前進して、あなた自身がプロセスを進むのを確認するよい方法です。可視化を通して、心でその方針を綿密に計画し、そしてトレーニングや試合をするとき、それらを実行にすることで、目標を現実に変えてください。

究極のバスケットボール選手を目指す

第１１章:可視化体験を最大にして、パフォーマンスを高める呼吸法

呼吸パターンは、可視化セッションのペースを設定して、超越した集中状態に入るための鍵です。可視化している時、呼吸パターンに集中し、セッションを通して管理します。すべての呼吸パターンは、
鼻から吸い、口から吐きます。リラックスした状態に入っていくので、心拍数は下がり、呼吸が不可欠になります。
あなたが使うパターンは、より高いレベルの集中に到達するこのプロセスを促進します。これらの呼吸パターンを訓練することで、あなたの第２の天性になるでしょう。
あらかじめ、遅い呼吸パターンがよいか、速い呼吸パターンが必要か決めてください。遅い呼吸パターンは、リラックスさせ、速い呼吸パターンが、あなたを元気づけます。

ゆっくりの呼吸パターン

あなたの呼吸を遅くするために、ゆっくりと、より長い時間をかけて空気を吸い込み、次に同じようにゆっくりと、吐き出します。アスリートには、このタイプの呼吸はトレーニングの後や、試合の約１時間前に行うと、リラックスするのによいことです。空気を吸うことと吐くことの比率の違いが、リラックスのレベルに影響を与え、可視化の最適なレベルに達する能力に転向します。

通常のゆっくりした呼吸パターン: 始めにゆっくりと、鼻からを空気を吸い、そして５まで数えます。そして、ゆっくりと口から吐きながら、５から１まで数えます。完全にリラックスして集中する準備ができるように感じるまで、４回から１０回繰り返しましょう。この呼吸パターンでアスリー

トは、鼻から息を吸って、口から吐くことに集中しましょう。

延長したゆっくりした呼吸パターン：始めにゆっくりと、鼻からを空気を吸い、そして7まで数えます。そして、ゆっくりと口から吐きながら、7から1まで数えます。完全にリラックスして集中する準備ができるように感じるまで、4回から6回繰り返しましょう。

ハイパーアクティブなアスリートのための、ゆっくりした呼吸パターン：始めにゆっくりと、鼻からを空気を吸い、そして3まで数えます。そして、ゆっくりと口から吐きながら、6から1まで数えます。完全にリラックスして集中する準備ができるように感じるまで、4回から6回繰り返しましょう。この呼吸パターンで、完全にゆっくりになるはずです。この順番の最後の繰返しで、4秒吸って、4秒吐いて終わり、呼吸が安定します。

極端にゆっくりした呼吸パターン：始めにゆっくりと、鼻からを空気を吸い、そして4まで数えます。そして、ゆっくりと口から吐きながら、10から1まで数えます。完全にリラックスして可視化する準備ができるように感じるまで、4回から6回繰り返しましょう。この呼吸パターンで、徐々にゆっくりになるはずです。
この順番の最後2回の繰返しで、4秒吸って、4秒吐いて終わり、呼吸が安定し、呼吸の比率バランスがとれます。

瞑想前の安定した呼吸パターン：これは、すでに落ち着いていて、すぐに瞑想に入りたい人のための、よい呼吸パターンです。

始めにゆっくりと、鼻からを空気を吸い、そして3まで数えます。そして、ゆっくりと口から吐きながら、3から1まで数えます。完全にリラックスして集中する準備ができるように感じるまで、7回から10回繰り返しましょう。この呼吸パターンでアスリートは、鼻から息を吸って、口から吐くことに集中しましょう。

速い呼吸パターン

速い呼吸パターンは、エネルギッシュに試合に出る、アスリートのために大変重要です。このタイプの呼吸パターンが、可視化する時に効果的で、瞑想するのと同じぐらい役立つでしょう。非常に落ち着いていて、心の管理が必要なアスリートは、これらの呼吸パターンを使って、可視化する準備に入りたいかもしれません。

通常の速い呼吸パターン： 始めにゆっくりと、鼻からを空気を吸い、そして5まで数えます。そして、ゆっくりと口から吐きながら、3から1まで数えます。完全にリラックスして可視化の準備ができるまで、6回から10回繰り返します。この呼吸パターンでは、アスリートは、鼻から息を吸って、口から吐くことに集中しましょう。

延長した速い呼吸パターン： 始めにゆっくりと、鼻からを空気を吸い、そして10まで数えます。そして、ゆっくりと口から吐きながら、5から1まで数えます。完全にリラックスするまで、5回から6回繰り返します。最初10まで吸うのが難しかったら、7か8に少なくします。鼻から息を吸って、口から吐くことに集中しましょう。

試合前の速い呼吸パターン： 始めにゆっくりと、鼻からを空気を吸い、そして6まで数えます。そして、一息で口から吐きます。完全にリラックスして集中の準備ができるまで、5回から6回繰り返します。この順番の最後2回の繰返し

で、4秒吸って、4秒吐いて終わってもよく、呼吸が安定し、呼吸の比率バランスがとれます。

これらすべてのタイプの呼吸パターンが、パフォーマンスを高めて、エネルギーや緊張のレベルによって、試合中にも使うことができます。
試合前に、緊張するアスリートは、遅い呼吸パターンを使うべきです。
試合前に、エネルギッシュになりたいアスリートは、速い呼吸パターンを使うべきです。不安な場合に備えて、遅い呼吸パターン、続いて速い呼吸パターンの組み合わせが、最適な結果をもたらすでしょう。
トレーニングセッションの間や試合の間に、疲れ切ったり息を切らしている時は、通常の速い呼吸パターンをして、速く回復するのに役立ててください。呼吸パターンは、あなたのエネルギーを蓄えて、より速く回復して、あなたの強度レベルをコントロールする素晴らしい方法です。

あとがき

組織的なトレーニング、栄養、メンタルな強靭のプランは、世界中で大きく変化しています。この本のそれぞれの特徴を、時間をかけて、取り組み、発達させることで、ベストの結果を得ることができます。そして新しくより優れたこの準備法に、あなたの体は適応するでしょう。

何をするべきか、どのように変わり始めるべきか知らないことは
多くの人々がある時点の後に、パフォーマンスを向上しない一番ありふれた理由です。この本は、完全なトレーニングプログラムの、最も重要な部分を指導し、そしてあなたが新しい「究極」に到達するために導くことでしょう。

究極のバスケットボール選手を目指す

この著者の他のタイトル

The Ultimate Guide to Weight Training Nutrition: Maximize Your Potential
By Joseph Correa

Becoming Mentally Tougher In Bodybuilding by Using Meditation: Reach Your Potential by Controlling Your Inner Thoughts
By Joseph Correa

www.ingramcontent.com/pod-product-compliance
Lightning Source LLC
Chambersburg PA
CBHW070132080526
44586CB00015B/1658